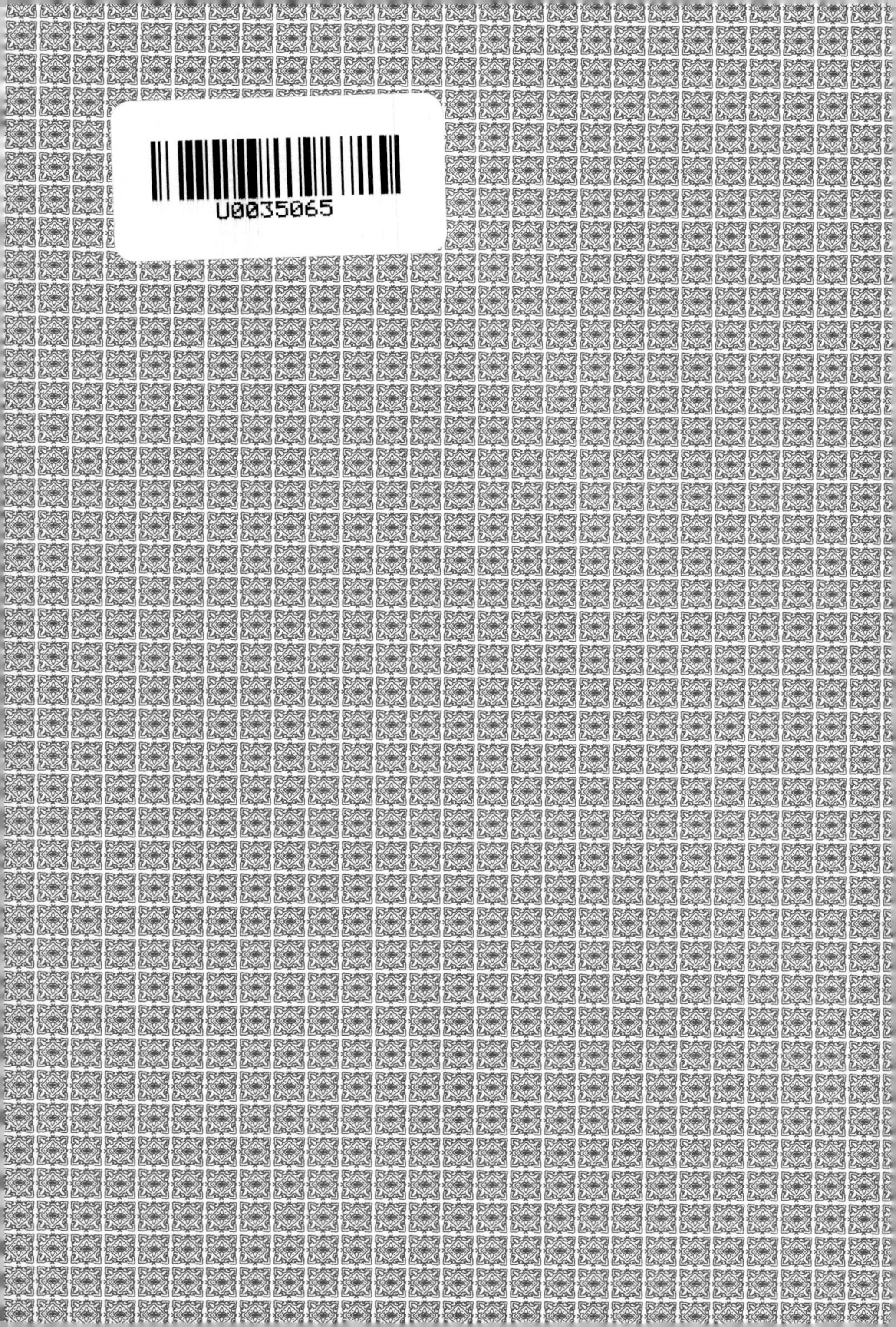

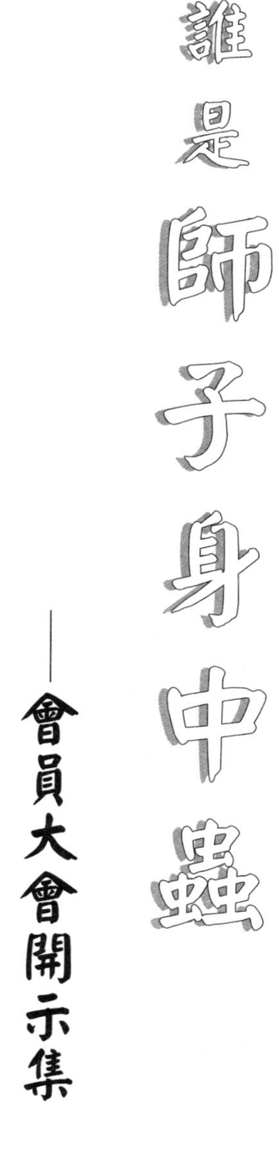

平實導師　述著

ISBN 978-626-98256-6-0

目次

附錄：

自序

無著菩薩生於公元四世紀，彼時天竺已是部派佛教聲聞僧勢力最爲廣大之際，然彼聲聞僧都不自覺爲聲聞僧，每以大乘僧自居而研究大乘佛經，而常被公元前一世紀時的部派佛教聲聞凡夫論師所誤導。彼部派佛教諸聲聞僧中之多數人亦多是同時研究大乘經典者，然以大乘經典所演諸法及其眞義甚深難解，何況得證；以是緣故，諸多部派佛教聲聞凡夫僧便認定大乘佛經之所說者，皆只是思想而無法實證，乃至是後世的佛弟子們長期創造而在最後時期方才編集成經者，於是提出「大乘非佛說」之言，抵制大乘佛教。然而，聲聞教是由 釋迦世尊成佛後方始提出，並教導弟子們實證成爲阿羅漢與緣覺；而諸弟子證得二乘教時亦只能成爲阿羅漢與緣覺，終究無人能得成佛。

釋迦世尊初期運轉聲聞緣覺菩提之後，藉教外別傳之法度諸阿羅漢緣覺弟子證悟般若而成菩薩，方才開始運轉大乘菩提中之實相般若，乃有大乘之名與實，此即是第二轉法輪的般若期，令諸迴心大乘之弟子們得以入地，是故此期皆由過去多劫所度之諸地弟子協助，成就般若諸經的弘揚。然後第三轉法輪則宣說更深難解之諸地菩薩所修唯識增上慧學，令諸入地弟子得以憑之進修諸地之道業，次第轉進諸地；於是成佛之道即將具足，則以圓教《法華經》圓滿之，如是名爲三轉法輪。

觀乎二乘菩提聖教源於 釋迦世尊之成佛而始弘揚，而其教義唯能令人得證二乘聖果，從來不曾及於大乘實相般若乃至一切種智；不意部派佛教聲聞凡夫僧遺緒之釋印順、眾多學術界人士，所說之法悉皆繼承自部派佛教六識論之聲聞凡夫僧，竟然無知於二乘菩提全部源於大乘佛法，亦無視於二乘菩提是由 釋迦世尊成佛之後方始傳出，竟然反過來指稱「大乘非佛說」，否定大乘勝妙無倫之最勝法，亦可謂爲無知矣！謂若無大乘法教者，則無 釋迦如來之可成佛，二乘法教即無由得以出現世間，證明二乘菩提源於大乘佛教，焉得反而誣指大乘非佛說。

然而「大乘非佛說」並非釋印順與學術界始創之言，同樣是繼承自部派佛教六識論之聲聞凡夫論師等人，古已有之，並非新說；此由無著菩薩所造《大乘莊嚴經論》所述可以證實，此亦明白顯示 佛所說的「師子身中蟲」正是部派佛教聲聞凡夫僧等六識論者。《成唯識論》中 玄奘大師亦處處破斥部派佛教六識論聲聞凡夫論師們的錯謬處，藉以抵制「師子身中蟲」，並大聲疾呼：「**若不摧邪，難以顯正。**」

自有佛教以來，破壞佛教正法弘傳者皆是「師子身中蟲」，佛陀早已預記而至今仍然如是；外道破法者不多，也沒有能力，因為他們對佛法沒有深入瞭解及研究。此事古今如是，但末法時代的佛教界一切學人卻一直被「師子身中蟲」之遺緒所誤導，從來都沒有警覺那些大師們即是「師子身中蟲」，因此而繼續容忍那些人繼續破壞正法；這類情事一直存在於佛門中，古今都未改變，到了現代佛教而想要復興佛法正教命脈時，就必須將此事實披露於全體佛教界，唯有佛教界所有人都了知此事之後，才能加以摒棄及改變而令佛教正法的復興成果長久保存，方能利益人間更多的有緣學人，然後阿修羅道日損而導致天人增盛，亦令天界有情實得利益。

如是現象於五濁惡世的像法時代即已開始，並非末法時獨有，以是緣故名之為像法時代；而此像似佛法之假佛法，於末法時代為禍佛教正法學人更甚更烈，是故末法時代的所有大法師與小法師都落入常見或斷見等外道法，而名之為中觀，普天之下所有學人欲求正法者皆不可得，是故名爲末法時代。何以故？爲五濁惡世有情大多數人皆有五濁，所謂命濁、煩惱濁、劫濁、眾生濁、見濁，導致正法所言正見往往不被一般人之所接受，而古時「師子身中蟲」所說的相似像法普被末法時代的一般大師與學人接受，並且廣而發揚之，導致了義正法勢力衰微而不得弘揚，若無大善知識出世弘揚之，最後終將被相似像法淹沒；相似像法廣弘之後，則令外道常見斷見法猖獗於佛門中，使令佛門已無了義正法及相似像法，於是正法淹沒不彰，外道法廣行於佛門中，故名末法時代。

究其原因，則是因越近末法時代，眾生之善根越見減少所致，是故 如來於《雜阿含經》卷三十二說：「如是，迦葉！命濁、煩惱濁、劫濁、眾生濁、見濁，眾生善法退減故，大師爲諸聲聞多制禁戒，少樂習學。迦葉！譬如劫欲壞時，眞寶未滅，有諸相似僞寶出於世間；僞寶出已，眞寶則沒。如是，迦葉！如來正法欲滅之時，有相似像法生；相似像法出世間已，正法則滅。譬如大海中，船載多珍寶，則頓沈沒，如來正法則不如是，漸漸消滅。如來正法不爲地界所壞，不爲水、火、風界所壞；乃至惡眾生出世，樂行諸惡、欲行諸惡、成就諸惡，非法言法、法言非法，非

律言律、律言非律，以相似法，句味熾然，如來正法於此則沒。」[1]

佛所開示如此類事古今如然，始從天竺龍樹、提婆師徒住世的年代，即有相似像法出於人間，混亂學人難以證悟，以是緣故，龍樹造《中論》以明佛法般若眞義，然而論中並未明說中道實相之觀行是以第八識如來藏爲所觀行之標的，是故佛門學人即得使用意識思惟所得而加以混淆，乃能在佛門中持續以常見外道法所得的假中觀弘揚至今。然後提婆菩薩繼之以唯識種智而造《百論》、《廣百論》、《百字論》，抑揚當時；然而由於唯識種智的論辯，使得外道及佛門凡夫四眾難以置喙，是故提婆並未終壽而住，傳說被外道所刺殺，其實是被聲聞凡夫僧派人刺殺，因爲提婆依八識論的種智論著及其所說，對於已經開始強烈發展的部派佛教聲聞凡夫僧來說，爲害最爲強烈，這是佛教史的研究者所不知的內幕，也是現代佛教界皆所不知的事實。

部派佛教的分裂，始於佛滅後百餘年，分裂至佛滅後四百餘年時，全部分裂過程大約全部完成，相似像法開始推廣而未普及；佛入滅後滿足五百年時起，像法時

---

[1] 《大正藏》冊二，頁 226，下 2-13。

期的部派佛教即成爲佛門中勢力最大的弘法者，是故佛滅後五百年時起，已經是相似像法廣爲弘揚的時代了。然而大乘佛法由於實證極爲困難，非如二乘菩提所證解脫道智慧及解脫果較易實證，是故大乘佛法的弘揚每被相似像法的二乘菩提所遮蓋，勢力衰微，完全仰賴大菩薩出世成爲大善知識方得弘揚，並同時復興已經衰敗的二乘菩提。如是佛教史實屢次顯現於佛滅五百年後的二千五百年間[2]，來到末法時期的現代仍是如此。

然而爲何會有如是部派佛教流傳下來的相似像法繼續流傳不絕？實有其因，是故《雜阿含經》卷三十二 佛說：「**迦葉！有五因緣能令如來正法沈沒，何等爲五？若比丘於大師所，不敬不重，不下意供養；於大師所，不敬不重，不下意供養已，然復依猗而住：若法、若學、若隨順教、若諸梵行，大師所稱歎者，不敬不重，不下意供養，而依止住，是名，迦葉！五因緣故，如來正法於此沈沒。**」[3]「猗」者，謂世間種種可樂法，由於佛門中之弘法者及學人愛樂世間種種可愛樂法，是故「依

2 此依大乘佛曆說。大乘佛（誕）曆年分是公元年分加1027，南傳佛（涅槃）曆年分是公元年分加543。

3《大正藏》冊二，頁226，下13-20。

猗而住」，因此即對離欲清淨的正法視爲寇仇、視爲破法者，一如平實出世弘法之時無異，直到正覺於二〇〇三年法難事件時，將眞正的第一義諦勝法廣爲解說並以書籍大量流通之後的二〇〇四年起，方始漸漸改觀。

今觀密宗應成派中觀、自續派中觀的起源，即是始於部派佛教時期的佛護與清辨二大論師，但這二位論師都是聲聞凡夫僧，同以六識論的邪見來推廣中道觀，簡稱爲中觀，意謂彼等所說中觀即是實相中道的觀行。然而佛法所說中道觀行之標的爲第八識如來藏的自性，與所生蘊處界及一切所生所顯的佛法之間的關係；是故其一是說第八識自身不生不滅、不來不去、不垢不淨、不增不減等；其二是說第八識眞如心與所生蘊處界入及一切三乘菩提諸法間的關係爲非一非異、非俱非不俱、非修非不修、非智非不智，如是成就中道義。但此密宗二派中觀的創始人及其後代繼承者皆以六識論爲宗，藉思惟分別所得的世間知見而說爲中觀的實證，以及加以推廣，說爲最究竟的佛法，實質上乃是意識對般若實相智慧的臆想分別所得，並非眞正的中觀，只是戲論。

然而佛法中之最究竟者其實是唯識增上慧學一切種智，般若中觀縱使是實證而且圓滿的，亦只是三賢位中的般若證量罷了，仍及不上入地後的道種智，何況如應成與自續等二大中觀派所說而得成佛？今觀此二派中觀悉皆創始於部派佛教凡夫聲聞僧，而被附佛外道密宗所攀緣，藉以顯示密宗外道確實亦有佛法，瞞騙古今佛教界而自稱爲佛教中的出家僧。然而創派的佛護與清辨論師等人背地裡亦是外道密宗雙身法的實修者，他們藉佛法名相及佛教僧人的表相來獲取名聞與利養，但卻以佛教爲表而行外道法爲實，暗地努力推廣部派佛教凡夫聲聞僧所說的假中觀，同時暗中推廣外道雙身法，逐漸滲透佛門而在最後成爲全面滲透成功的局面。以此緣故，若欲復興佛教正法者，皆必須將相似像法逐出佛門，正本清源方能使令正法得以持續弘揚。

以此緣故，必須將部派佛教聲聞凡夫僧對於大乘佛法的誤解後所說，揭示其本來面目的眞相於佛教界，令佛法中的所有學人與弘揚者等四眾全面知其正理與源頭，再將二千年來的佛教眾多邪見諸師所說與菩薩的正說加以比對評論，方能得出眞正的史實而理出眞正正確的結論：末法時代這四百年來的佛教界大師們的通說，即是現今各大寺院、山頭舉凡認同釋印順及學術界之所說者，其內容都與　佛陀入滅後滿五百年起由聲聞凡夫僧所推廣的部派佛教邪說相同，而全面違背馬鳴、龍樹、提婆、彌勒、無著、世親、達摩、玄奘等諸大菩薩所說正法，以此緣故說部派佛教諸聲聞凡夫論師，諸如佛護、清辨論師及其遺緒，皆是「師子身中蟲」，皆是大力破壞佛教正法者。是故平實出世弘法不過數年，即開始講解《成唯識論》；今又造作《成唯識論釋》，而於二〇二二年開始重講《成唯識論釋》，並隨於已講完一輯時即予出版一輯；總共十輯將於全部講完時出版完畢，於此《成唯識論釋》中全面說明論與釋中所破者皆爲部派佛教中的某某部派邪說，如是證明現今流傳於佛教界各大山頭及釋印順所率領的學術界所謂的佛法，其實都不是佛法，而是源於部派佛教聲聞凡夫僧，而被各大山頭及釋印順與密宗所繼承的假佛法。如是明辨之後，佛門學人即得據以抉擇而遠離相似像法，進入佛教正法中實修及親證，不枉來此人間一世努力積累福德及苦修。

平實有鑑於此，自從籌建正覺寺開始，多年來在會員大會中持續舉示如是正理，**說明現今釋印順及其所率領的學術界以及密宗所謂的中觀，全部源於部派佛教各部派聲聞凡夫僧所說的相似像法，皆非佛教正法；**如是期盼有生之年可以看見部派佛教之所有邪見消滅於佛門中，令正法勢力得以增長而廣利人天。今將二〇二〇年起，至二〇二四年止，於正覺同修會會員大會上的致詞結集成書，顯示如是道理，並造此序表明意願，欲使佛教界有智之士知所檢擇而遠離部派佛教聲聞凡夫僧之六識論邪見，迴入八識論正法中，則令佛教正法得以復興而期待未來漸漸西行，流入大陸佛教界中逐漸回歸八識論正法，令中華佛教得以廣大復興，利益更多華夏學人，是所至禱。

佛子　平實　謹識

公元二〇二四年夏月　於松柏山居

一〇九年度會員大會開示文

各位菩薩！阿彌陀佛！

陸老師講得很棒！眞的是……（大眾鼓掌）

我們在經中常常會讀到的，就是於末法最後八十年住持正法，猶如挑著一擔細氎（也就是一種很微細的毛去織成的毯子）[4]，走入一個滿城大火、沒有一個地方沒有火的城門，從東門進去，西門出去，而細氎沒有被燒掉，正法最後八十年住持正法時就像是這樣。還有幾個譬喻在《阿含經》裡面有說過，有一個說最後那八十年住持如來藏正法，好像是挑著四大山這樣繼續走下去，四大山的意思就像娑婆世界的四

[4] 編案：本文中，有加括號作爲開示時的增補說明。

大部洲，那是多麼難的事情。

有人懷疑說：「真的會這樣嗎？」一定會有人懷疑！因爲對諸位會員學員來講，證得如來藏本來就是天經地義的事啊！可是眞的會這樣，不但末法八十年這樣，現在就已經這樣了！那琅琊閣不是說「證得如來藏、轉依如來藏不叫作開悟」嗎？所以他們現在已經不信了！二〇〇三年那一批，他們不是不信，而是自己起妄想，再建立一個比阿賴耶識、比如來藏更高的法，可是法界中沒有那個法，他們所講的是虛妄的想像，所以一開始我就判定他們一定是落回到意識境界去，因爲第八識是法爾如是的——祂沒有出生過，怎麼會滅？他們主張說「祂（第八識）是被眞如所生的」，那當然就是意識虛妄想的境界。

他們宣稱懂《成唯識論》，說我講《成唯識論》講錯了，那我就提出來說《成唯識論》有告訴你「**真如亦是識之實性**」——說眞如也是阿賴耶識的眞實而如如的法性，眞如是在顯示阿賴耶識的眞實如如法性。就好像花很美，花的美麗是依於花而顯示出來，不能說美麗出生了花；同樣的道理，阿賴耶識顯示了眞如法性；他們卻倒過來說眞如出生阿賴耶識，那我就知道（他們的墮處）了。因爲在阿賴耶識之上、在如來藏之上，沒有另外的法了，這在一千多年前，玄奘大師已經界定過了；不但如此，在西天，提婆也界定過了。可是他們不瞭解還自以爲懂，說我《成唯識論》教錯了，那我就拿《成唯識論》的語句來談，所以他們後來閉嘴，且他們大概差不多一年到一年半左右就回歸正法了。

那現在琅琊閣這一批人又重蹈覆轍，就好像開車，看見、聽見許多人說「很多人開到那個地方就翻車」，所以大家開到那裡都會小心，但他們想說：「**我偏不信！**」所以開到那個地方，後面的車子不讓過，等前面車子慢慢通過以後，他就加緊油門踩下去，一衝，結果諸位想想會怎樣？（大眾答：翻車。）對喔！一定是翻車喔。這種人，不是叫作「不世出」，而是叫作「絕無僅有」，因爲人笨可以笨到這個地步。那他們的挑戰沒有超過二〇〇三年那一群人挑戰的範圍，但是他們比較會表演，所以刺探、打聽了會裡面許多的事相，然後去把它編造，所以說出來的百分之九十五是錯誤的；但是事相上的事情我們不想回應，因爲我們制度很完整，如果有意見可以具名寫出來寄到戒律院，把「人、事、時、地」說清楚，戒律院有很多的羯磨親教師啊，這都可以處理的。那他們顯然不懂這個道理，也故意要這樣作，所以又重蹈覆轍繼續翻車。但是這種似應絕無僅有的事情，我卻說它會再三、再四，乃至再九、再十不斷發生，因爲佛法太深、太難理解，加上這個世代是五濁惡世的年代，所以上慢的人非常多，人家說「整瓶醋不會發出聲音，半瓶醋就嘩啦嘩啦響」，我告訴諸位：他們只有五分之一瓶，因他們講的太荒唐、那些法太荒唐。

琅琊閣他們現在又推出另一個人來說法，可是所說的那些法也不能聽，但是沒智慧的淺學之人、對如來藏有疑的人，他還是會接受的。所以我常常說一句話：「**再邪的法也有人信**。」因爲五濁惡世的眾生就是這樣，再怎麼錯得離譜的法也會有人信的，因爲現在是末法時代。譬如他們在網路上嘲笑說：「**欸！蕭平實不懂什麼叫作持業釋、什麼叫作依士釋**。」那我倒要問他們：《述記》裡面講的「**持業釋、依士釋**」等等，那些「釋」是什麼？它的定位是什麼？我不是指它的意思，我指它的定位。它的定位就是判教的東西，它跟法義無關，那是判教用的名相，意思是說，這是依士夫個人來講、來解釋，而這是依祂能持業種來解釋等等；這是判教用的，跟法義無關。那請問諸位：誰可以作判教？這是重點啊！誰可以作判教？一定要如實理解法義內涵的人才能作判教嘛！他們把法義都講錯了，他們還能判教嗎？不行！所以作教判的人必須是實證的菩薩，而且三賢位的菩薩還不一定能夠作出正確的教判喔！所以想要正確判教，一定是要入地以後。他們不懂這個道理，結果嘲笑說一個懂法義而且有道種智的人他不懂持業釋、不懂依士釋等等，這個叫作顛倒其說。

那談到這個判教，他們還嘲笑：「欸！這蕭老師的《成唯識論釋》不肯六冊一起出版，他就希望一次出版一本，然後我們評論他以後，他就可以修改。」可是問題來了，既然訂為六冊（二〇二四年編案：平實導師幾次增補，最後定稿時為十鉅冊），那表示每一輯都要有目錄，對吧？目錄裡面，是不是也要把第二輯到第六輯有哪一些東西、在第幾頁，講出來、訂出來？對喔！既然訂出來了，那內容還能改嗎？你改了，那個頁次就會變動了。就像《法華經講義》共二十五輯，第一輯出版的時候，後面的頁次就已經訂了，要不然就只能印第一輯，然後第二輯以後頁次都不能訂，變成這樣。那不是出版業作的事情欸！出版業不幹這種事情，人家會笑。

既然《成唯識論釋》訂為六輯，就表示後面都已經定案了，所以第一輯出版的時候，就把第二到第六輯那一些內容的綱要以及頁次都訂出來，那就不能改了。但他們很希望我一次就出版了，這是他們的目的，可是我不從他願啦！他們想的，我不會去配合，我還是依照我既定的腳步，我一步一步去作，我也不要去評論他們很多東西，一來一往那個討論沒完沒了。將來講《成唯識論》的時候，諸位就會知道，一千多年前在天竺部派佛教那些聲聞僧他們有哪些邪見，眞的是多的不得了！再加上外道讀了大乘經典，他也來寫論，就這樣啊！所以很多是凡夫僧所寫的論，但多數人不懂；最有名的就是安惠那個《大乘廣五蘊論》，這個最有名，印順還指定這本書是各佛學院必須教的教材，但那些都是凡夫論師憑著想像寫出來的。

順便跟諸位報告——他們對我這一點也很不滿，我總是報告說我現在寫到哪裡、作到哪裡。《成唯識論釋》潤飾及補充的部分，進度比我預計的快，現在大概已完成七分之一，快要到六分之一了。那麼這些潤飾主要是語病，或者前後有點不通順的，都要把它順一順，這一些大概預計再四、五個月應該就會完成，因爲總共一百一十三萬多字，快要一百一十四萬字（二〇二四年編案：後來增補成十輯共二百多萬字）。這些作完了以後，才會作科判，科判跟法義無關；所以到時候就包括：這個叫作持業釋、這個叫作依士釋等等，就會解釋出來，目的是讓大家閱讀的時候知道這一段講的是什麼，你要從哪個方向去理解它，這個就是作教判。所以你要判教之前，要先懂那個道理，那些道理你都學完了，最後來作教判。教判出來，你們閱讀的時候就知道：喔！接下來這個是要講什麼，這一段、這兩段要講什麼。或者說把這一段、這兩段讀完了以後，它提示你這個叫作持業釋、這個叫作依士釋等等，你就可以再整理一下：喔！原來這是在講什麼。再重讀一遍你就懂了。

所以讀我的《成唯識論釋》一定會懂《成唯識論》，你讀不懂的內容，我講到讓你懂；有史以來還沒有人這樣幹過，窺基想要達到這個目的但沒有達到，我現在就是要這樣以白話的方式講到你懂；但是這個眞正的懂，一定要等我書出版以後，你重複讀一遍、讀兩遍，讀到三遍就都懂了。那時候你的智慧不可同日而語，超過你往昔百千萬世的修學，這就是我的目的。但是我會因爲出版了這個《成唯識論釋》就要求你們「欸！你們要大力供養我」嗎？我也不會這樣作啊！因爲我一向的想法是：這是我的本分——身爲承接如來這個法義的人（菩薩）應該要盡的本分！不能向大家邀功。連邀功都不可以！所以這個判教的部分，大概再四、五個月後，我就會開始作，大約要作三個月，作完的時候，大概我們《瑜伽師地論》也講完了。

你要判斷一個人是不是眞的善知識，你就看他能不能講《瑜伽師地論》。我沒有人教。過去 玄奘沒有這部論時，他沒辦法，他得要去西天；他受學於戒賢論師的時候，戒賢論師一解釋出來，他馬上跟過去世的證量連結：喔！原來這個是怎麼樣。就講出來。戒賢論師也很驚訝：「**竟然你懂這裡面的道理！**」所以，能不能講《瑜伽師地論》是一個判別的好方法。而我們二〇〇三年開始講，到現在幾年了？十七年了喔！你看！再八個月，應該是年底就講完了，可能到年底、或是農曆年前，也許講完了。可是有多少人能這樣講？譬如二〇〇三年那一批人，他們看我講《瑜伽師地論》，他們就跟進——他們永遠只能在我後面跟。他們多久講完了？不到一年！我跟諸位報告：光是把它朗誦出來也要一年！

那現在這些人講得更荒唐，他們自己亂解釋，他們把 如來、諸大菩薩、歷代祖師的證悟都推翻了，他們認爲宗喀巴講得對、他們認爲印順講得對。那麼宗喀巴與印順有沒有證眞如？（大眾答：沒有！）對了！諸位都知道沒有啊！他們是六識論者。現在有人在我幫忙下證得如來藏以後，不信如來藏是證悟之標的，認同宗喀巴與釋印順依六識論所說的諸法；在《成唯識論》裡面說那個叫作共相，因爲所生法都有（無常）共相；唯一有（眞實空性與無我）自相的，就是唯一一個有自體性、常住不滅、能生萬法的，就只有一個，《成唯識論》說祂有自相、有自性，用自相的名字來說祂，因爲祂有各種自性、能生萬法，那個「法」就是對法的執著逐漸斷除之後所要證的法，所以把祂叫作「**法**」，那個「**法**」叫作如來藏，又名異熟識、阿賴耶識，佛地叫作無垢識。

而這樣一個識，從《阿含經》開始就在講這個識，但是不明講，因此很多人證阿羅漢以後，還不知道《阿含經》很多地方講到這一個識，那我們《阿含正義》有概略寫了一些出來；其實還有很多地方講到這個識，我只是把重點講出來，講出來以後，讓所謂的阿含專家都閉嘴。結果琅琊閣這批人還說我不懂《阿含經》，因爲他們所謂的阿含經義是什麼？也是六識論啊！可是《阿含經》講了八個識——這《阿含經》是以第八識來講解脫，證據充分，還有很多證據在，如果有必要我們再來寫。

那麼接著第二轉法輪般若諸經，佛講了那麼久，爲什麼每一個方面 佛都要講到？後代的人不懂，讀了說：「**佛爲什麼那麼囉嗦？這個也講、那個也講？你講一個道理，其他我就懂了，爲什麼都要講呢？**」可是 佛陀的目的就是要幫助這些弟子們證阿羅漢以及證眞如以後，藉著宣講《般若經》，讓大家隨聞入觀——隨著 如來的所說，他聽進心裡面以後，就立刻現場作觀行，那個叫作現觀；那樣的現觀就當下把那一個部分的無明又滅了、又斷了，所以 佛陀講完大品般若的時候，那些阿羅漢就跟著入地了。你們不要看那些阿羅漢穿著聲聞衣，其實他們是菩薩，有很多的人都是 如來往昔所攝受的弟子，只是他們不知道。好！那後來 佛陀平常開示時陸陸續續也講了一些，所以有些人知道這個事情，阿羅漢們大多信受，但是有些人不信受，所以看見 如來答應要講《法華經》的時候，他們五千人退席；退席的那五千人裡面有四十位定性阿羅漢，還有很多的三果、二果、初果人，跟更多的凡夫，因爲他們不相信 如來說的十方世界的佛世界等等。

那麼這一些人以外，佛世還有善來比丘。爲什麼 如來只說：「你來得好啊！比丘！」（善來！比丘！）本來他是個俗人，如來看見他，說：「你來得好啊！比丘！」他當下鬚髮自落、成阿羅漢？其實不是成二乘阿羅漢，但是因爲《阿含經》是聲聞人結集的，就說他是阿羅漢，其實是立刻成爲菩薩，那是八地以上的菩薩，可是他們也示現人身——他們爲了配合 釋迦牟尼佛弘法，特地來這裡受生。那他們知不知道自己本來就是菩薩？他們知道！只是不能講、不能顯示出來，一定要等到 釋迦如來示現成佛以後，他把俗事安排好了，然後來見 佛，當下就出家了，他們本來就是菩薩，那些都是八地以上的菩薩。但是有的人笨，也有一句成語說「崇古賤今」，有沒有？他崇拜古人，然後輕賤今人，可是今人不是古人再來嗎？難道人只有一世嗎？看見說「**這個善知識跟我一樣啊！只是一個人，那他跟我差不多啦！**」所以他就用自己的境界來衡量善知識，這是世間常見的事。臺灣也有一句名言說「近廟欺神（臺語）」，有沒有？（大眾答：有！）就是這樣啊！但是神不會跟他計較，就好像一個大學教授不會跟一個幼稚園的學生計較，道理是一樣的。

他們不相信證得如來藏、轉依如來藏的眞如性就是證悟，要用讀經論思惟所得的一切法空（三無性）當作是證悟。那請問：二轉法輪也是講如來藏、講證眞如，是因爲轉依眞如性，所以一切法歸無（編案：因爲如來藏自身的境界中無有一法可得）；歸無以後又很清楚知道說：親證這一切法的智慧—這個實相智慧—是依這個如來藏而有，所以這時候**智**與**眞如**平等平等，這樣才是眞正的證眞如。第二轉法輪如是，第三轉法輪乾脆跟你直接講阿賴耶識、心、一切種子識、異熟識、無垢識，講很多的名詞出來，都在講第八識；也告訴你證得第八識的人才有「眞覺」，說一般凡夫跟凡夫僧所謂的覺悟不是眞覺，因爲是意識層面的；即使是證阿羅漢，還是意識層面的，這個意識層面跟意根層面願意把自己滅掉就是阿羅漢，可是 如來說那不叫眞覺，眞正的覺悟是證如來藏，如來藏（對六塵外諸法的覺知性）叫作本覺；因爲如來藏是心不是物，所以如來藏有知覺性，但那個知覺性不在六塵中運作，那個知覺性叫作本覺。

那他們把證悟如來藏否定，說這個不是叫作證悟，要證悟的是一切法空，說你要懂得什麼叫三無性，說要現觀到這三自性都沒有了才是證悟，那問題是：**你把如來藏否定了，還有圓成實性嗎？沒有圓成實性就沒有依他起性，沒有依他起性就不會有遍計執性；你這三性都無法證得，你哪來的**（現觀三自性在實際理地亦不存在的）**三無性？**所以他們自己所說的法自相顚倒，可是他們不知道，就像二〇〇三年那一批人一樣。我那一本書爲什麼要叫作《燈影》？我還特地加了一個副書名叫作「燈下黑」。好像一個蠟燭臺上點了根蠟燭，那蠟燭照下來的時候，燭臺下面照不到，他們就住在那個地方——落在燈影裡面。這批人也是一樣，他們這樣子（平實導師伸出食指指著前方），可是這四個指頭都指向自己。

他們其中有一個人，後來改用本名寫文章；他本來要用信件跟我一來一往討論，但我沒有那個時間啊！因爲我等於所有的時間都要用來跟他回信，因爲他每一封信提出的都叫作「絡絡長（臺語）」，可是他舉出來的那些聖教都證明我說得對，可他並不知道啊！但是他舉出來之後，我說：「**我不可能跟你用信件一來一往，那你如果認爲正覺的法說錯了，你也堅持要寫出來繼續貼網，我們等到回應之後足夠出書的時候，我們就會開始回應。**」那麼經過差不多兩年，他們寫的也夠多了，我們回應出來足夠出書了，所以我們開始回應。那因爲我們拖了將近兩年才開始回應，他們心裡一定想：「**你看，沒辦法回答了嘛！你看，沒辦法回答了嘛！**」這就是世俗人的想法；但我們的想法是：「**不急！等到可以出書利益眾生，可以世諦流布而讓眾生學得更多，那時候我們再來回應。**」這是我們的想法，我們跟世俗人的想法不同。

他們把證悟如來藏給否定，說證如來藏不叫作開悟，可是 如來悟的就是如來藏啊，悟了以後才出來弘法啊！歷代祖師也都是悟如來藏啊！結果他說悟得如來藏不叫開悟，說一切法空才是悟；但 如來在第三轉法輪就直接告訴你：**佛法的中心就是**

第八識如來藏。甚至於我們《不退轉法輪經》講完之後要講的《解深密經》（二〇二四年編案：《解深密經》已於二〇二四年一月二日講授圓滿）——現在一定有人想說：「喔！終於要講了。」確實準備要講了，因為他們出來搗蛋，這時候也正好講，好像因緣就是這樣安排的。這《解深密經》專門在講第八識，甚至於講到凡夫地的眞如、聖地的眞如、佛地的眞如等等，所以有七眞如等內涵。那第三轉法輪還有很多經典同樣都是講第八識啊！如果第八識的實證不是佛法的中心，如來為何前後三轉法輪、三藏十二部都在講這個第八識？因此他們等於從根本把佛法推翻掉，跟釋印順一樣！

釋印順就是從根本把佛法砍掉，砍掉了如來藏以後，佛法的實證變成玄想、變成只是思想，所以他的門徒們每年舉辦「**印順思想研討會**」——這名詞立得好，因為它是思想，它不是實證。那　如來既然說了這個第八識實證的法，說修證不外於轉依祂的眞如法性，這樣子修行至最後成佛，當然證悟的標的就是第八識。可是他們把第八識否定了以後，說證悟不是這個，說證得第八識不是證悟；他這樣講有一半也對，因為知道如來藏、找到如來藏不叫開悟，要轉依成功才叫開悟啊，所以才說證眞如才是開悟的標的！那證眞如的意思就是說：你證得眞如以後發起很多的智慧，然後這些智慧呢，你要觀察跟眞如平等平等，這樣才叫證眞如！所以「**證眞如**」以證阿賴耶識爲標的，證得阿賴耶識你才能觀察祂的眞如法性，轉依祂的眞如法性以後你就無我，無我的時候當然是一切法空（編案：悟後轉依人無我、法無我所顯眞如，而眞如自住境界中無有一法，因此說一切法空；非如彼等六識論者撥無眞如心而僅從現象的無常說一切法空也），但是無妨智慧繼續存在，這就是證悟。所以他們否定了阿賴耶識以後，就沒有眞如可證了，等於拿刀把自己的腳跟砍斷，從此以後只能用爬的，用爬的就永遠矮人一截，因爲他最多剩下膝蓋還可以走吧，因爲矮人一截啊！他就談不上實證。

當然他們所談的法還有很多的錯誤！那我也常常說一句話：「**法錯了，應該藏拙。**」聰明人是這樣的！比如說我衣服有某個地方破了，我跟人講話時就摀著這個地方，然後不顯露出來，這個叫作藏拙，人家就不知道我衣服破了！如果這隻手瘦了，我換一隻手，我就繼續遮著——藏拙嘛！可是有的人不懂藏拙，他繼續寫，寫更多，暴露出來的錯誤也更多。最近講了很多荒唐的法義喔，那他們的層次在哪裡？因爲那些錯誤法義是沒證悟如來藏的人講的，那你說他們一群人的層次在哪裡？用膝蓋想就知道了。

所以這類的事情太多了！但是我告訴諸位，現在距離法滅還有九千年，有些人讀到經中講的，譬如有人挑著一擔很細的乾草，從滿城起火的東門進去，又從西門挑出來，都沒有被火燒掉（古時城中的道路又都不大），末法最後八十年住持如來藏正法比那個還難；有些人讀後說：「**眞有可能是這樣嗎？不會吧！**」但事實上是這樣，因爲現在都有人不信如來藏了啊！釋印順是個領頭羊，率領大家不信如來藏啊！那我出來弘法到現在快三十年了，同修會成立也差不多二十來年了，臺灣學人終於信如來藏，他們反而不信，你說天下有這麼笨的人嗎？明明擺在眼前就是有啊！

所以我週二開示說佛法本來是一條坦途大道，很平整——佛陀開給我們的這條路很平整、很筆直，祂把這一條路指給我們看，就是這麼直、這麼平順；可是很多佛門的凡夫以及外道，或者附佛法外道，就在這一條路旁邊開闢了很多小岔路，小岔路裡面弄出很多世間法，看起來好漂亮的樣子；可是佛法這條大道什麼都沒有，就只有法，沒有世間那些漂漂亮亮的吸引人的東西，所以有的人覺得單調，就要到岔路去晃一晃，可是一旦涉入岔路，通常都走不回來，因爲岔路比佛法正道好玩多了！那好玩多了，到底是世間法還是出世間法？（大衆答：世間法。）就是世間法。

所以世間人愛的是世間法，如來在經中有講過，說佛法和世間法是互相違背的，世間人喜愛的，佛法中是要斷除的；佛法中所應該要修證的東西，世間人是討厭的。那因爲有這樣的不同，所以那些世間人自以爲他眞懂佛法的時候，佛就說了一句話：「**邪常嫉正**。」落在邪法裡面的人永遠都忌妒正法，所以「**忠佞相讎**」——眞正忠於佛法的人，跟落入邪法的人，就互相敵對；讎就是敵對的意思。這類事情永遠都會是這樣，不是現在才這樣；而且會一代比一代更嚴重。所以諸位要先作個心理準備：「**我到底要不要眞的跟蕭老師走到最後那九千年？**」因爲到了最後那一百年，不曉得是怎麼回事。有的人還沒有想到這一點，說：「**我一定追隨到底。**」可是我現在跟諸位警告哦，那時候是很艱難的，到時候一百個人，一百個人反對你，你什麼都無法弘傳，只好進山啦！因爲不可能弘傳了！大家都不信！爲什麼不信？因爲如來藏的密意被公開了，手機只要上網點一點，然後搜尋「如來藏」，「**喔！就是這個！哎呀，笑死人了！這個是我意識就能作的，幹嘛是如來藏的？**」他就不信，而且他先前沒有斷我見的功德，那個智慧起不來，所以善知識講什麼他們都不信，群起反對的結果，月光菩薩只好帶著大家入山啦！不跟世間人來往，就這樣。所以那個年代會更艱苦，但現在諸位要熏習、要去習慣，也就是要串習啊！所以那些人是來給我們磨練的，磨練我們的心性，令我們的心性足夠承擔最後那一百年佛法弘揚的艱難狀況，讓你可以適應它。

那面對這樣的問題，我們當然就是繼續作法義辨正啊！我們不必像他們這樣每天貼一篇，或者每兩天、每三天貼一篇，我們不用，我們只要一個月登一篇就夠了，慢慢登，登上三年五載，看還有多少人追隨他們。你不要說：「**欸！到時候絕對沒有人追隨。**」我告訴你：還是會有！不管多麼邪謬的法都會有人信啊！最邪謬的不就是密宗嗎？密宗說雙身法修行可以快速成佛，那也有人信啊，現在他們還是信啊！但是再過一百年後，信的人就很少了，因爲等我走了以後，未來會有學術界的人士去作審判：蕭平實的《狂密與眞密》怎麼講，三乘菩提內容是什麼，密宗的修行方法「教、理、行、果」四個部分都跟三乘菩提無關——「**啊！原來那個根本就不是佛法。**」他們開始會漸漸講出來。當他們論文一篇又一篇寫出來，佛教界和世間人都會知道那個叫作喇嘛教，不叫佛教，那時喇嘛教還會有人信喔，但佛教徒不會信，這樣就夠了。

所以佛法本來就是一條平坦的大路，只是這一條平坦的大路，每走一步都不容易，因爲每走一步就要把後面的那些棄捨；叫人棄捨是很難的事欸！往前面走所得到的只是智慧與解脫，可是智慧越多、解脫證得越深，是棄捨越多。它就是這樣啊！可是這個很難！這每一步要邁出去之前、身體要往前移之前，餘光看見兩旁花花綠綠很好玩，就捨不得啊！所以這個腳邁出去以後，身體還在那邊猶豫：「**我要不要往前移？**」還在猶豫，所以成佛才需要三大阿僧祇劫。可是如果諸位都有降伏性障的能力，都有禪定了，我告訴你：你這一世搞不好入地都有可能！因爲入地所需要的，我都跟諸位講了；如果聽了會忘沒關係，《成唯識論釋》六、七年後出版完畢了，好好讀一讀，入地也不是難事。（編案：係指配合悟後努力修行，包括非安立諦三品心與安立諦十六品心、九品心的觀行，以及修集廣大福德等等。）

但是對琅琊閣他們來講，入地是很難的事，因爲連初禪都不可得、連證眞如都不可得。他們想要證初禪時是怎麼修的？每天盤腿打坐。可是他們盤腿打坐這樣努力修，能比得上南投國姓鄉山中那一群比丘、比丘尼嗎？他們每天最少要坐八個鐘頭，可是也沒有發起初禪；何況琅琊閣他們每天坐一個鐘頭、二個鐘頭，能發起初禪嗎？不能！因爲他們不懂證初禪的道理——證初禪是要修除性障，定力不必很強；二禪才需要很強的定力。那他們初禪證不得，三果沒份，就不要說阿羅漢。可是他們說一證悟就是初地，說《成唯識論》講的。《成唯識論》沒有這樣講啊！《成唯識論》是說通達位是初地。可是要成就通達位要有二個條件：一是「**非安立諦三品心**」，那是要證如來藏才辦得到（卻是他們所否定的），而且要悟後進修；第二個部分就是相見道另一個部分「**安立諦十六品心、九品心**」，那是要證阿羅漢果的。可他們連初禪都發不起，要怎麼樣一悟就到初地？不可能的事情！可是有人信啊！因爲他只要開水一沖就可以吃啦，不必切菜、不必作各種佐料，就是速食麵的心態！可是佛法中叫作「**福慧雙修**」，而他們不想修福，不修福則每一個階位所對應的福德他們都沒有完成，那怎麼樣建立那些階位？也不可能。

所以那裡面的錯誤是非常多的，不打草稿我就講這麼多了，如果我打草稿一一把它寫出來，那有多少？而且老實說，今天不是講經說法的時候，可是我這話匣子一打開，好像有點兒關不了，因爲悲心懇切，希望大家要有正知正見。不要在同修會裡面，增上班或是聽經，然後去作他們的「抓耙仔（臺語）」。「抓耙仔」懂嗎？有的人懂國語、不懂臺語。就是當內奸啦，去通風報信啦，這是成就共業。而且我說，增上班我本來是要先講某一部經，但是現在看來不能講。現在不能講，因為我講了什麼，他們就寫出去，佛陀說那是不可以公開的，所以我只好先講《成唯識論》，因為他們宣稱懂《成唯識論》！那我講完到足夠出一本書，我就把那已經編輯好的出版；預計我開始講《成唯識論》的時候，六輯已經編好了，教判都作好了，我就可以開講；講完了一本的部分，我就出版一本。那這樣講完，大概大家也懂什麼是正法，也知道他們的落處，就不會再想當他們的內應，那我就可以講那一部經；目前的想法是這樣。

可是萬一那部經我一開講又有人開始洩漏，我馬上就會罷講；我會選擇比較不那麼重要的、法義不是那麼勝妙的其他菩薩的論來講；我會馬上作改變，就永遠不講，這是我的決定。《成唯識論》我預計大概六年講完，講完的時候我希望大家都有智慧；那每講完一本的量時，我就會出版一本。也許聽的時候你聽懂，回去讀《成唯識論》你又不懂，這是正常的現象；你聽的時候會懂，但回去讀《成唯識論》還是不懂，正常！因爲《成唯識論》的文字太簡略。將來諸位讀了以後，你可以把論的本文跟我的語譯比對，語譯如果還是有一些不懂，你就讀後面的解釋，解釋讀完了你再回來讀本文你就會懂，這是我爲諸位施設的次第與內涵。那諸位進步都很快也不用感謝我，因爲這是我的本分；也不用拿錢、拿什麼來供養我，都不用，因爲我衣食無缺。只要諸位對三寶的恭敬越來越強就可以，因爲如果不信 佛、菩薩而說他的法可以實證，那是欺人之言，而且也欺騙了自己。所以諸位最後發現自己的智慧增上到外人無法想像的地步時，不用感謝我，感謝 釋迦老爸就夠了！

對 佛、對菩薩要有更多的恭敬、更堅強的信心！然後到了四地、五地之後，可以融入十方世界的諸佛菩薩中，成爲其中的一分子，可以更快速地前進，這就是我的期望。我現在不能快速往前走的原因，是因爲被諸位拉著；也許應該說我拉著諸位不能放棄，是這樣。那我如果要往前快速前進，沒有問題啊！我的智慧夠，只要把其他的修一修，補修就好了，那不是問題；但是諸位一定要趕快進步，否則我也無法遠行，所以我的道業在諸位身上。拜託諸位要努力啦！謝謝大家！阿彌陀佛！

一一〇年度會員大會開示文

這一年來承蒙諸位老師、諸位幹部、諸位同修們的支持，所以這一年中的各種事務，包括法務，都順利推行。在事務方面，我不太去干預，這是我一向的習慣以及門風，包括出版社的事務也一樣。那這一年來理事長領著諸位幹部，事務進行非常順利，關於正覺寺的籌建，每週至少要開一次會，很辛苦！而且有時候一週要開三次會，因爲很多的細節要討論，那我比較輕鬆啦，我什麼事情都不用作，因爲決策作好以後，就是（陸）理事長他們去執行，我就不管了。因此在社會福利、年終救濟等等那些事項也都一併在進行中。所以藉這個機會，感謝理事長跟諸位幹部們！大家辛苦了！（臺下熱烈鼓掌。）理事長說還要感謝諸位同修一起參與！所以我就一起感謝了！（臺下熱烈鼓掌。）

法務上就是諸位親教師跟教學部領著大家繼續在道業的增進上面去努力，那我個人就是專心在《成唯識論釋》這一部著作上面來努力；現在的進度是到第三個階段的判教，到昨天晚上完成百分之四十一了，預計三個月內可以完成判教。但三個月後可能還沒有辦法開講，因爲《根本論》可能還要再講四個月，希望可以順利地講完。然後我們隨著開講完《成唯識論釋》一輯的部分，我們就出版；從這個《成唯識論》的《釋》出版之後，讓大家不論是增上班或一般人都可以閱讀；也會在各書局公開上架。

那這個在顯示我們同修會兩件重要的事情在進展，一件就是我們正覺寺的籌備，那是復興中華佛教所必要作的事情，所以我們必須巧設方便來繼續復興中華佛教，這是佛教界正法中的一件大事。另一件大事就是《成唯識論釋》，因爲《成唯識論》絕大多數的人讀不懂，能夠讀懂《成唯識論》的人大概只有百分之一，那這百分之一的人都在同修會裡面，但是也不是完全地懂，所以這論的「釋」眞的有必要把它註解出來。因爲以前寫的時候文辭太簡略，而且時空背景的不同，所以現在沒有人能讀懂，那我們會內有些人可以讀懂，是因爲經過將近三十年的修學，然後平常我們也帶進很多《成唯識論》的法來作說明，再加上實證的關係，所以這百分之一的人可以讀懂大約三分之一，這算是相當不容易的。

當年《成唯識論》窺基法師註解的時候，文辭也是太簡略，那是不得不然，因爲當年紙張、筆、墨等等，它都花費很大，所以那是靠國家之力去作成的，不像現在有電腦，個人就可以去作了；所以文辭太簡略，然後說的法義也深，因此一般人在沒有實證基礎的條件下，其實都是讀不懂的。那現在我們看見琅琊閣他們引述《成唯識論》出來解說，而解說出來的結果剛好跟《成唯識論》的眞實義顚倒；他們說的剛好顚倒，因爲他們是用釋印順的六識論去解說它，所以就變成一個顚倒的狀況；可是他們不知道自己顚倒。所以如果想要回應他的話，我這部論的「釋」就不用寫了，因爲沒有時間，全部用在他身上就好了；所以就像傳說中某一位有神通的人說「**琅琊閣現在對正覺的批評就像狗吠火車**」，那我們火車繼續開，狗吠就讓他吠，不理他就好了，我們重要的工作要趕快把它完成，不能被他所拖累著。

好在我們有些同修有能力去加以辨正，寫了些文章出來，他們其實都無法回應，但他們就不理，就是另闢戰場，不斷地放火，讓你去消滅，這就是他們的作法。但沒有關係，我們就按著順序去作，這些法務，包括《成唯識論釋》的出版以及上課，這是佛教界中很重要的事，跟一千多年前唐　玄奘所作的事情一樣的重要！因爲這部論被誤導、被誤解太久了，功效不彰；其實這部論一直在破的對象就是聲聞部派佛教那些人，而部派佛教的遺緒就是釋印順。他們現在繼續用釋印順所講的部派佛教的主張來解釋《成唯識論》，那就是全面的扭曲了。

可是我們不想隨之起舞，我們還是從根本上來處理，就是從《成唯識論》的眞實義上加以解說；解說完了，那增上班的同修們應該都可以讀懂、都可以聽懂；雖然聽懂以後，回家重讀《成唯識論》本文，不讀我的《成唯識論釋》的話呢，依舊讀不懂，但是沒有關係，將來我們《成唯識論釋》會出版，出版了以後，大家讀上三四遍後就會懂了，重新再回來讀《成唯識論》本文就會懂（編案：《成唯識論釋》第二輯已於二〇二四年元月底出版了）。這個對後世的影響很重大，不單是對現在的諸位而言；不過後世的後代學人其實也就是諸位到後世去，其實是同一批人喔！所以咱們的緣很深啦，不是只有一世而已。因爲你既然要學成佛之道，而成佛之道唯一的法就是**證眞如**。那證眞如之後怎麼樣進入相見道？就都要從這第八識開始。所以《成唯識論釋》就是第二件佛教界最重要的事情！

那我們這兩件事情都一直在進行當中，第一件事情在年底以前應該會開工。那開工之前，本來我們有想租遊覽車讓有興趣的人去現場、去踏青，或者踏夏、踏秋、踏冬都可以，但是我又想說琅琊閣在那邊作文章，他們都會扭曲一切的事相；那是不是要開放給大家去踏青？這個就讓理事長跟幹部們研究以後再去作決定，我個人就不作決定了。好在去年那個設計的一個模樣也放給諸位看了，那大致上就是沒有改變，就是細節上很多的地方作調整；那個設計很有格調，不落俗套，我很喜歡，希望將來可以成爲大陸同修們前來朝聖的地點。

我們正法團體最重要的當然就是「**法對不對**」，但是法對與不對要從**正理**來談，不能符合邪見者的所說。怎麼樣叫作**正理**？就是「**根本**」到底是什麼。佛法既然是最究竟之道，那這個究竟道的見道當然是要證得那個**究竟理**！如果證的是世俗理，或是思惟之理、想像之理，沒有一個眞實法存在的話，那就是妄想。《楞伽經》說「妄想」不是講語言文字妄想，而是說**虛妄之想**；「虛妄之想」就是他的想法是錯誤的、是不眞實的。那《楞伽經》裡面 佛說了：**想要滅除虛妄想，唯一的方法就是了知性**

自性虛妄，以及了知一切諸法都是自心現量。「自心現量」的意思是說「一切諸法都是自己的眞實心所現的事實」；「量」就是事實，「現」就是所現；就是說自心如來藏所顯現的事實。那如果能夠了知一切諸法其性非性，就是所生之法都是生滅法，而這一切所生之法都是我們如來藏自心所顯現的事實，這就是「證得自心現量」。

證得自心現量的人呢，在《楞伽經》裡面叫作「菩薩摩訶薩」；但成爲菩薩摩訶薩一定有條件，不是隨便拉一位阿貓阿狗來，告訴他密意，他就能成爲菩薩。所以菩薩的實修一定要是一步一腳印，但是這個一步一腳印修的內容是什麼？就是六度，乃至於入地之後的十度波羅蜜本質還是六度，只是把這六度加以再發揮成爲後四度而已，所以本質上還是在六度。

那六度有沒有修好，這就是所有想要證悟的菩薩們最重大的課題。所以六度的第一度「布施」，有的人聽了不喜歡，不喜歡的人他就會離開。但是我們要如實告訴諸位：你如果想要實證，進入第七住常住不退，那你得要修六度。六度第一就是布施，然後就是身、口、意的律儀要清淨，所以要持戒，那持戒之後才算是開始在修學佛法。修學佛法之後，在諸同修之間總是有許多的接觸，然後也許齟齬呀、口舌等等，忍受不了他就退轉了，所以得要修「**生忍**」；除了「**生忍**」以外也要修「**法忍**」，就是一切諸法都是生滅的、自我是虛假的，一切諸法都是自心如來藏所生的事實，對這個法也要能忍。那如果證悟了以後，他沒有這個「**忍**」，那他對於「**一切諸法都是自己的如來藏所生**」的事實，他就不能忍，不能忍就退轉，所以「**生忍**」與「**法忍**」都很重要！

這個「**生忍**」、「**法忍**」是在實證的前三度之前就要修好的，然後才能夠努力地、精進地去修行，付諸於實行；努力修行之後才有可能安忍於制心一處的定境。（很多人心安不下來，所以心一直都在攀緣之中。那我們**無相念佛**的法很容易就可以**制心一處**，除非沒有用心去禮佛；我也發現從第二批退轉的人以來，都是沒有在禮佛的人，所以他們會退轉；而他們喜歡的是修學禪定的定境，他們不喜歡定力，他們只喜歡定境，這種人都沒辦法安忍。）那到這個階段才有資格修學「**智慧**」，就是：**實相到底是怎麼回事？爲什麼說叫作「中道」？是什麼跟什麼不一不異？**等等的中道義，這些都修好了，善知識會告訴你「**除了如來藏以外沒有任何的中道義**」。這些修好了才能夠進入加行位。

可是問題又來了！很多人對加行位根本不能安忍，那些退轉的人正是這樣。加行位要先建立一個觀念：**能取的七轉識就是空性如來藏，所取的五色根以及六塵也是空性如來藏**。請問諸位：你能不能安忍？能不能安忍？（臺下回答：能！）能喔！這樣才叫作菩薩！這個很難安忍欸，因為你等於要自殺啊，先要把自己否定掉，說「**我自己是假的**」；可是把我回歸給如來藏以後呢，我就是如來藏，如來藏就是我；兩者雖然說等於就是如來藏，如來藏就是我，可是我又不是真的如來藏，因為這個五陰的我會滅，如來藏不會滅；五陰的我雖然滅了，來世又有一個五陰，還是有啊，這個我還是存在啊，可是呢，來世仍然是無我的如來藏繼續出生了我們五陰。所以能取是空性如來藏，所取的五色根以及六塵也是空性如來藏，請問諸位：一般人能接受嗎？不能接受！但是如果想要實證，你要進入加行位來努力修行的話，你必須接受這一點；然後期待未來有一天突然找到如來藏，去把祂觀察看看，加以現觀，不是想像思惟喔！而是現觀。現觀的結果追究到最後，果然！能取的我是七轉識，都是如來藏所生的，而我們所取的五色根、我們所取的六塵也是如來藏所生，我們並沒有接觸到外六塵。

這個意思就是說：**佛法一定要忍**。修學佛法的過程裡面，若於眾生不能忍，他沒有資格當菩薩。所以如果幹部們有時候事情忙，對你大小聲，你得忍；幹部們如果看見哪些同修的作爲不太如法，也要能忍；雙方都要能忍，能忍才能當菩薩，這是必要的條件。

可是「生忍」修了還不夠，還得要修「法忍」，而「法忍」是最難的。那因爲我們要復興佛教，需要有很多人作事，所以我手頭會比較鬆一點，當然就有一些菩薩種性不夠的人過關了；過關的情況有時候是我把他高估了，有時候是因緣巧合而他過關了，那最後到我那邊去的時候，我都會想說這個就是因緣，因爲他的因緣是這樣，所以也就讓他過關了；因此保不定每一個人都不退轉，所以多多少少都會有人退轉。而退轉的事情古今如然沒有差別，古時候就有人證悟又退轉了，現在也是一樣；而且現在退轉應該會比古時候更多，這樣才是正常，因爲現在是末法時代了。

那麼話說回來，退轉者他們說我們大家都沒有見道，因爲大家都沒有證眞如，那我要請問增上班的同修們：「**你們能不能觀察自己的眞如？能不能觀察別人的眞如？**」答案是：「**能！**」依據他們退轉者的說法，說這是初地菩薩才能證得；那我恭喜諸位都是初地菩薩了！就變成這樣囉。那大乘的見道到底以證什麼爲標的？這是一個重要的課題！就好像說禪宗的開悟到底是悟個什麼？這是重要的課題啊！如果你要求開悟，不知道悟的內容是什麼，那你想要求什麼？所以證悟很重要的事情就是開悟的標的。

以前我初學佛，五年在農禪寺，結果他們都沒有講出一個所以然說「**開悟到底悟個什麼**」。可是聖嚴法師印證了十二個出家弟子「**明心又見性**」，而他們的明心又見性是悟個什麼？他們的「**明心又見性**」是悟個什麼呢？不過就是離念靈知。可是如果要談離念靈知，我比他們十二個出家弟子好過很多倍。但是，沒有辦法獲得印證。啊！所以我後來去檢查的結果呢，它就是離念靈知嘛！但問題是：離念靈知會是一切萬法的根本嗎？離念靈知是後生之法，就是七轉識的見聞覺知；這七轉識的見聞覺知不論怎麼排行都排不上老大，因爲它要排第三位或第四位啊！連老大五色根都不算是實相了，何況離念靈知呢？

好，現在琅琊閣說的：大乘見道是要證「**三無性**」。請問：證三無性就是「**現觀圓成實等三種自性沒有眞實性**」，可是你要證實這三種自性沒有眞實性，是依什麼講的？依如來藏自住的境界來看的！當你證如來藏以後你可以看見：啊！原來是如來藏出生了我的五色根、我的意根、我的五塵，然後才有我六識存在。那這樣就表示你能夠現觀「**如來藏具有圓滿成就諸法的眞實性**」。唯有第八識如來藏才能具有這個自性啦！意根乃至六轉識都沒有這個自性；所以一切染污之法、清淨之法都是由第八識如來藏出生的，祂有這個圓滿成就諸法的眞實性。這時候你來看所生的諸法，那不就是依他起性了嗎？這一些所生諸法都是依他而起，可是眾生不瞭解啊，在這一些依他起性的諸法裡面去加以執著，所以才有遍計執性！所以遍計執性是依附於依他起性而有的。這依他起性的法既然知道是依他起了，遍計執性就消失了，那就有解脫了。這就是**本來自性清淨涅槃**，而這個涅槃是你沒有修行以前就存在的，無始以來就存在，乃至阿羅漢入無餘涅槃，還是這個本來自性清淨涅槃啊！所以始從七住位，末至妙覺位，都是依這個本來自性清淨涅槃而住！那這樣瞭解了三自性，你再從如來藏自身來看：如來藏離見聞覺知，從來不了別六塵；既然不了別六塵，祂的境界中會有三自性存在嗎？沒有。所以當你如是觀察的時候呢，你就不執著三自性了，這叫作三**無性**。

所以大乘見道以證得這個根本法作爲標的，你如果沒有證得這個第八識根本法，一切法都甭談，你都沒有份。那麼這個「三無性」到什麼時候究竟？到成佛的時候。因爲包括變易生死都斷盡了，這才是究竟的三無性的實證啊！所以三無性的究竟實證是成佛的位階，至少是八地菩薩的位階，至少得要斷除習氣種子隨眠。結果他們把至少八地的境界當作這個眞見道要證的境界，可是眞見道才第七住而已啊。律部的《菩薩瓔珞本業經》告訴你「**如果修學六度波羅蜜**」，特別跟你強調是「**修學六度波羅蜜**」喔！修學到六住圓滿，有一天證得如來藏了，是不是就沒事了？不是咧！證如來藏之後如果沒有佛菩薩、沒有善知識攝受，就會退轉——一劫二劫乃至十劫退於般若波羅蜜，然後就開始不信因果、無惡不造！你們看琅琊閣這些人現在不就是這樣嗎？他們不相信有什麼惡事果報，他們不信呢！他們跟釋印順一樣不信有地獄，也不信佛菩薩仍然住持在三界中。所以你們有時候有事情去龍山寺請問觀世音大士，有時候在自家佛堂請示，他們都說那叫作迷信，他們不相信佛菩薩存在，他們的想法跟釋印順是一樣的，也不相信地獄的存在。

那麼這意思告訴我們說，「**你所證的如來藏，你能不能現觀祂具有圓成實性？**」

這是佛法實證的一個根本；如果現觀如來藏，而祂的圓成實性你都已經思惟、現觀完成了，你相信：「**確實！因爲這是現觀啊！確實我這個五陰身心都是如來藏所生。**」有了這個現觀，拿刀架在你的脖子上，你也不會退轉。那這個心呢，如是現觀以後你當然知道：這就是萬法的根本啊！乃至三界器世間，也是由眾生（共業眾生）的第八識共同來變現的！那這就是萬法的根源。哲學界千餘年來在探索的萬法的根源，他們探索不得；在物理學界也在探索，可是他們從物質上一直鑽進去的結果終究還是物質，最多就是到了四大極微，所以他們無法探索出來。那我們所探索到的這個第八識如來藏，我們現觀祂能出生我們五陰身心，當然這就是萬法的眞實相！這就是萬法的根源啊！一般人說：「**父母未生前的本來面目是什麼？**」就是第八識如來藏。「**了生脫死，要怎麼了生、怎麼脫死？**」還是第八識如來藏。「生」也從如來藏來，「死」還回到如來藏去。所以，諸位！你眞正的故鄉就是如來藏，你的故鄉在你心中，不在外面。那這當然就是禪宗開悟實證之標的！大乘見道當然不外於此。

我們剛出來弘法時，被臺灣佛教界抵制、大陸佛教界抵制，說我們是邪魔外道，那我們乾脆「一不作，二不休」把他們給破了——你既然說我是邪魔外道，我就來證明誰才是邪魔外道。破了以後呢，他們私下很氣很氣很氣，我可能「很氣」要講上十幾遍啦，他們眞的很氣！可是不敢開口啊，只能私下講一講，更不敢落實到文字上，因爲事實正是我們才對！諸經諸論現在還可以翻閱，可以求證啊。那現在琅琊閣、張志成說我們證的不對，而我們證的正是這個第八識如來藏，可以現觀五陰身心都是祂所生，這就是萬法的根本。如果證得萬法的根本不叫作大乘見道，而要用思惟所想的三無性叫作大乘見道，那個叫作臆想，就是心裡面猜測，然後自以爲如是；腳下浮逼逼的（編案：意指腳跟未著地）沒有依靠，禪宗祖師說那樣叫作「**依草附木精靈**」，就是鬼神啦，就是依草附木的鬼神！有時候以一棵樹、一莖草作爲他的家，比較大的鬼神以一棵樹作他的家，更有福報的天神那就是有個廟等等，但是都沒有根本。而我們所證的是根本，可以現觀；自己的如來藏是怎麼回事，別人的如來藏又是怎麼回事，這些都可以現觀，這就是大乘的眞見道。

可是，話頭拉回來到我們引述的《菩薩瓔珞本業經》，佛說：「**修學六度般若波羅蜜多，般若正觀現在前**」，或者說「**般若正觀現前**」，也就是說「**實相智慧現前**」——你可以看見實相到底是什麼，一切諸法是怎麼來的，你看見了。這時候要有諸佛菩薩攝受，不然就要有善知識攝受。如果不曾值遇佛菩薩攝受、善知識攝受，一劫、二劫乃至十劫，最後終究疑心、退轉！有的人遲到一個大劫以後退轉，因爲他懷疑：**這個到底對不對**？有的人最多延遲到十個大劫之後退轉。諸位想想，十大劫後退轉，是退轉於眞見道喔！那請問諸位：眞見道的歷程要多久？會退轉就表示他的眞見道還沒有完成！現在他證得如來藏了，結果拖到十劫以後依舊退轉，這表示眞見道這個無間道啊，必須是個無間道，也就是心心無間，不管經歷多久，一劫、二劫乃至十劫都心心無間；當他可以**心心無間**的時候，眞見道才算完成。所以如果你現在在增上班，是不是眞的完成眞見道了？不一定。因爲如果有時候你心中還起個疑：「欸？**這個是如來藏嗎？這如來藏眞的是萬法的根源嗎？**」如果心中起了疑，就不是無間道。當然無間道不是電影講的那個「無間道」！我也沒看它《無間道》是演什麼啦，但我知道它一定演錯了。

意思就是告訴我們：眞見道之後呢，你要能心心無間都無所疑。心心無間之後，接著你要去觀察**七眞如**，也就是你這個第八識的眞如性在各種各類的狀況下是怎麼回事。這個眞如運作有祂的行相啊，在這些行相裡面你仔細去觀察祂，從「邪行眞如」一直到最後的「清淨眞如」七大類，要在祂的行相裡面去觀察。但是七大類的每一類也有很多的細相，那你要經歷很久的時間，這個很久不是說一世兩世，不是說一劫兩劫，這只是第一大阿僧祇劫的三十分之七，因爲你剛進入眞見道，還有三十分之二十七啦，不是，三十分之二十三啦！我的算數不好喔，三十分之二十三！因爲你就算七住位圓滿，心心無間才算圓滿喔；好，這心心無間圓滿七住位了，後面還有三十分之二十三心（編案：賢位三十心中的後二十三心）你要經歷欸！所以這樣才算完成這個相見道。把這七大類的眞如都觀行完了，完成相見道位的修行才能到通達位，才算初地欸！所以不是初地眞見道：哇！幾心、幾個心，幾剎那我就到通達位了。沒那回事！《成唯識論》不是這樣講的。

所以這些道理，唉！對我來說是瞭如指掌啊，因爲我弘揚這個法、熏習這個法已經太久了，往世有因緣都會讀一讀；這個都太久了。但是，因爲他們退轉的人喔，他們不只是斷章取義，他們還斷句取義，甚至斷句取義的時候還取錯了，所以說出來的剛好跟《成唯識論》的法義顚倒，所以你要批判他批判不完呢！你如果要批判他，你寫的文章字數一定是他的好幾倍欸！你可以出書囉！那因此我現在就不理他，就讓他繼續吠，我火車繼續開！就是變成這樣了。那目前的進度是判教完成百分之四十一，一百六十三萬字了，但預計再三萬字到四萬字應該就可以完成，然後就開始編書了，這是目前的進度。（編案：後來全部完成時總共超過二百萬言。）

這就是我們同修會目前最重要的兩件事情。一件事情給（陸）理事長和幹部們以及諸位同修承擔，這就是諸位的福田喔；第二件事情就是由我來把它完成的《成唯識論釋》，希望它未來可以繼續留傳後代，可以廣利諸位的未來世。因爲會讀這一部《釋》的人不會很多，可能他們剛開始慕名就去買了一本來讀，第一輯買來讀了以後說：「這講的好像都跟我無關。」因爲這是見道後的事情，所以他們買來讀了以後：「這好像跟我無關。」也許就不想再買第二輯了，然後也許到了第四輯、第五輯，也許他想：「快要講到如來藏了！」大概在第三輯。「快要講到如來藏了！那我要趕快去買！」買來讀了以後呢：「怎麼還是跟我無關？」他們會這樣，因爲沒有實證故，所以實證是很重要的事情喔。

那麼我希望諸位，在會裡開闢了很多福田出來讓大家有機會植福，福德植夠了，當這些福德都長成大樹了，那就是你證悟的時候到了。因爲這個福德層面很多，包括持戒、包括布施、包括忍辱等等，前五度都叫作福德，這五度沒有修好，沒有資格修第六度；第六度沒有修好，沒有資格進入加行位，所以這個道理今天告訴大家。而他們不肯修福德的人呢，就跟著琅琊閣等人走好了。

現在我所知道的，閣主好像是退夥了。閣主退夥了，變成下面一兩個主要的人繼續在作，大概就是這樣。但是閣主雖然一直都沒有親自動手，但他是主謀；他是主謀，主謀的業不會比現在這幾個人輕，雖然他沒有動手，但是從根本、方便、成已來講，根本都在他身上，這是我要說明的。希望他們將來七八年後我們《成唯識論釋》也出版完了，他們讀了，可以瞭解自己的錯誤，可以懂得懺悔；懂得懺悔的話至少不墮三惡道，無間地獄可以免掉，但是也許旁生道可能免不了，或許免不了，這是我比較擔心的地方。

那如果他們捨報前能夠懺悔到見好相，重新受菩薩戒，也許可以免掉旁生道的不可愛異熟果。如果都不懺悔，那無間地獄是跑不掉的，因爲這個十重罪犯了好幾條，這個是很難說來世要繼續當人，除非他逃到極樂世界。但是去極樂世界也去不成欸！因爲極樂世界有一項是被遮止的：**唯除毀謗正法**。下品下生是什麼人都可以去的，五逆十惡都可以去，可是唯除毀謗三寶！毀謗三寶的人不能去，極樂世界也不攝受的。所以我希望六七年後他們讀完《成唯識論釋》了，知道自己的落處，要盡形壽每天晚上都在佛前懺悔。要怎麼懺悔？要像慈航法師的那一個弟子，那個弟子求生極樂世界的時候，他每天念佛；因為他是將軍，將軍在戰場上殺了很多人。他怎麼念佛的？他等到大家都離開以後，關起門來在佛像前哭啊！大聲的喊：「**阿彌陀佛啊！趕快來接引我去啊！**」他用哭喊的，每天這樣作。我想他一定可以往生。但是如果他們都不懺悔呢？這我就很擔心啊，腳底覺得涼涼的；因為那個罪業太嚴重，不但扭曲了一切的事相，也扭曲了正法；不單單是一項，兩項都作了——正法和事相全部都扭曲，所以這個問題很嚴重。

我最後只好希望說看哪一尊佛、哪一尊菩薩能發大心，每天晚上入夢告訴他們，救他們，否則那個業是不敢想像的。那，這就是我今天跟大家說的一些道理，雖然這些道理對增上班的同修們來講，這都是基本的佛法，可是對還在進階班、禪淨班的同修們來講，可能沒聽過這些法，那今天就等於是把如實之法告訴大家。如果你還沒有親證，你可以問看看增上班的同修們他們是不是親證了？如果他們親證了，你可以問他們：「你所證的這個心是不是眞的如來藏？」「你所證的這個是眞實心，你是否眞的觀察到你的能取與所取都是祂所生的？」也就是說，能取是見分，所取是相分，「你的相分與見分是否都是如來藏生的？」你可以去問問看！「如果有人這樣實證了，我爲什麼不信？爲什麼我寧可要去信那一些虛假的、只有思想的東西，而不是實證的東西？」這是有智慧的人他一定要想清楚明白的。

如果所證的這個心確實是第八識，而且又證明「見分、相分都是祂所生」；那這樣的話，當然這就是大乘的眞見道，我們應該如是受學。那如果還是有人不信，我倒希望他們趕快離開，我們可以再淘汰十分之一的人，因爲希望留下來的都是貞實，那個穀子都是貞實飽滿的！貞實飽滿的穀子是怎麼樣的？它會垂頭對不對？可是如果空心的呢？矗立，永遠都不低頭。這個是諸位應該要觀察的現象喔。好，那我的致詞到這裡，謝謝大家，阿彌陀佛！。

二〇二一年三月十四日　於臺北正覺講堂

一一一年度會員大會開示文

又是一年一度的會員大會，首先還是要感謝諸位大力的護持！這個護持有幾個方面，第一個方面，當然從表面來看，就是身力和財力的護持；從另一個層面來看，就是在法道修證上面的努力，在這上面的努力雖然看起來是自利，但其實也是利他，所以**精進於道業也是護持正法的一環**。如果大家道業上都不精進，只努力在這個體力和財力上護持，那我們跟慈濟就沒有不同了，所以在道業上的精進和努力也是護持的一環。因爲將來佛教研究者他們的看法會說：「**在正覺同修會存在的年代，佛法眞的被復興了！**」他們不會看你佛教道場蓋得多大，來說你有沒有復興，而是看你在法的實證上是不是進展得很好，來認定你是不是復興了佛教，所以這個護持是兩個層面。

那麼看到今年會員大會開放了很多間的講堂，顯然就是大家都非常護持，因爲對正覺正法的護持不是只有臺北市的會員，我們正覺也不是屬於臺北市的會員所有，而是每一位學員、每一位同修共有的，只是因爲我們當年最早成立的時候沒有野心，所以我們成立爲臺北市的佛教正覺同修會，當初也沒想要去到桃園、臺中以南，但是後來因爲法的本質很殊勝的緣故，各地都有需要，因此我們就在這些因緣下成立了其他外地的講堂。雖然正覺同修會不只是臺北市的會員所有，但是在法律上是這樣，所以我們會員大會就是請臺北市的親教師們來參加，因爲法律上是這樣規定的，那我們就這樣作。

另外一件事情跟諸位報告：《成唯識論釋》在週三一直繼續修飾到晚上七點完成了——也就是第二次的修飾；本來十輯的編輯，每一輯是三六〇頁，經過第二次的修飾以後，最少是三八〇頁，最多的是四〇〇頁。因爲考慮到有一些還不在增上班的同修們，以及會外對唯識學有興趣的讀者們，我發覺還是必須要再作第二次的修飾，因爲有些地方講得不夠明白，所以作了第二次的修飾，讓它比較適合對會外沒有證悟的那些唯識學研究者們，以及一般的學佛老修行人有所幫助；當然這個幫助不是幫助他開悟，因爲該覆護的密意我們還是繼續遵照 佛陀的開示把它善於覆護，但是如果是有所觸證的人，他在《成唯識論釋》裡面可以得到自己的印證，雖然那個(自我)印證不一定正確，至少可以鞏固他所悟的內容於不退。

那我們從二〇二〇年開始以後有個「琅琊閣之亂」——那不叫「法難」，那叫作「亂」啦！因爲它談不上法難。現在很清楚的看見就是無論你講的對不對，到後來他其實也知道我們講的對、他講的不對，但他就是要寫，就像離開的一位同修講的，說他就是「苦大仇深」——對正覺苦大仇深。可是苦從何來？我也沒對他作什麼動作。仇從何來？我也沒得罪他。那這個我們可以不必理會！從反方面來講，我們參加弘法錄影的親教師們，每年都要討論今年要講什麼，有一點傷腦筋，那現在不必愁了！至少有一半題材是他提供的資料，所以親教師都不用發愁，反正錄一小時的時間裡面有一半就是這個題目，那就是可以作好幾年作不完的，沒有問題！至於其他一半(題材)，那就是從那一些講過的經典裡面，去作導讀一類的工作，這樣錄影也就順利進行，所以不愁沒有題材可以弘揚。

那麼針對這個部分作「**相似佛法**」的破斥有個好處，因爲我們發行出來的書籍，法義的層次太高——對我們來講那是很基本的佛法，可是對末法時代的佛教界來講，那是陳義太高，他們根本讀不懂；而藉著這個琅琊閣事件，從他所說錯謬的地方，我們來加以辨正，那對於一般層次的學佛人來講（所謂的學佛人）應該是比較適合他們，讓他們可以比較快的遠離邪見！這個錄影掛在 YouTube 上面可能沒辦法立竿見影，有待於佛教界學人們收看以後，一傳一這樣去慢慢地展現出它的效果，而且可以持之於久遠，這是一件好事！所以也不用說對這個琅琊閣之亂，心裡面就起瞋，用不著，因爲它等於是提供我們另一個機會、另一個層面的弘法題材，可以利益到佛教界最底層這些所謂的學佛人，從本質上看起來其實還是好事！

那我個人這一生弘法的規劃，最重要的部分，就是把《成唯識論》重講一遍，大概就全部完成了；也就是說**大乘佛法中最重要的三部經典：《楞伽經》、《楞嚴經》、《解深密經》**，前兩部經典我都已經講完出書，最後一部經典也已經開講一段時間了。那麼這三部經的重要性，我還是得稍微說明一下。

我選擇最早開講的經典就是《楞伽經》，因爲我認爲這部經太重要，它把佛法的「總成」——也就是佛法最重要的核心部分說明了。所以呢……（親教師問：「要不要坐下？」導師答：「不用！不用！還沒有那麼老啦！」親教師：「講法要坐下來。」「不用！這是會員大會，不是講法，就是把我的心得跟諸位報告。」）因爲《楞伽經》裡面把佛法之中最重要的道理，爲我們點出來，也就是「**五法**、**三自性**、**七種性自性**、**七種第一義**」，如來說以五法及三自性來函蓋一切法，所以這一部經在大乘佛法中是最重要的經典，因此我選擇了它最早開講。那時候開講是人家給我一本小小的經本，大概我們現在這個會員大會手冊的一半，那就拿在手上這樣一面看一面講，那時候正覺還沒有成立，諸位想想看那是多久以前的事了！那時候是在陽明精舍開講的，然後繼續講到正覺成立—搬到中山北路六段某一條巷子的地下室成立—繼續講，把它講完。這一部經的重要性，跟諸位報告過，因爲所有佛法的根本都在這部經裡面，那我們選擇了它先講；講完之後，我又講了一部《楞嚴經》。

《楞嚴經》它就比較深細一點，而不是函蓋性的，它就是把「五陰、六入、十二處、十八界」等等一切諸法全部攝歸如來藏，並且也告訴你說：被如來藏所出生的五陰、六入等等諸法，其實都沒有自性，這些諸法的自性都來自如來藏，所以你們現前坐在這裡，包括你的覺知心等等自性，其實都來自如來藏；本來五陰就都是如來藏中的一部分。那也告訴你說：這一些諸法你如果把它一一解析到最後——空無所有，其實諸法的自性就是如來藏給的。因此我們選擇了這部經，把它講解完了。可是講解的過程當中，顯然有一些人沒有吸收到經中所講的那個眞實義，所以當年這一部經也講了很久，因爲當年講經的方式是講經前先開放提問，讓大家提出問題來—那些退轉的人提了很多問題—我都是當場解答，不是回去尋找資料再答，都是當場就答了；可是答了以後發覺沒有用，他們堅持己見——因爲證悟時悟得不貞實，轉依也沒有成功。所以二〇〇三年法難事件以後，我們就停止了現場的發問。

這個講經前現場發問，可能是佛教界有始以來的第一次，但是發覺沒有用，所以幾年後我們就把它停掉了，就專程講經，這樣講經的速度反而快了一些。那麼《楞嚴經》裡面把五陰區宇跟五陰盡的境界詳細講了出來，這個也是佛法中絕對不可或缺的一部分，而且它直接告訴我們：**五陰本如來藏妙真如性，六入、十二處、十八界本如來藏妙真如性**。然後佛教界一直都說什麼「七處徵心、八還辨見」，其實徵心要加二處，所以我把它註解出來就提出了這一點：是「**九處徵心、八還辨見**」。然後當初講的時候，比較偏在幫助大家明心與見性上面，後來我發覺這樣不是辦法，因爲這樣的話，只能利益這一代的人，不能利益後代的人，所以我就把它作了一些刪除以及增加，成爲現在的模樣。現在這個《楞嚴經講記》的內涵，可以說前無古人，我想大約也是後無來者，因後面的人再想要註解得更好，大約是不可能的。這樣講完了很重要的第二部經。

那《解深密經》呢，我以前在第一任理事長郭超星老師過世的時候，我本來預計以快講的方式在喪宅講七次，七次圓滿來迴向給他早登八地，因爲他往生後，也托夢給他班上的學生—超過一半以上，可能三分之二有—說他已經在極樂世界跟 阿彌陀佛修學，學的也是這個法，他正在向八地前進中；可是沒有用，他雖然托夢給他班上三分之二的學員，可是該退轉的還是退轉了，這就是因緣不具足的問題，福慧不夠的話，會退轉的還是會退轉。

那麼《解深密經》當時七次沒講完，開快車一直講，後來講到十次才講完，等於講了十個七。那後來我就不敢再講，因爲這部經對還沒證悟的人來講太抽象，太抽象！可是對證悟的人來講，它不抽象，它是現前可以現觀的法，但是我就想：當時證悟的同修不過百來人，其他的同修如果無法聽懂，那我講就有一點浪費、可惜，所以我就一直延遲著；延遲到現在增上班超過六百人，我覺得可以講了，所以現在開始來講。那當年在郭老師的喪宅講的時候，很多人聽不太懂，可是當時有聽過的人，他們現在自己讀都可以讀懂了，這表示說：我把唯識學的許多法帶進來講——平常講經的時候、增上班的課程中，我就帶進來講，而大家顯然有吸收，所以現在他們自己就可以讀懂，這表示進步已經非常大了。那《解深密經》講完了以後，我這一世講經最重要的三部經典就講完了，後面要講什麼，我們再衡量看看，很有可能講一部《金剛三昧經》，雖然它滿深的，這個是後話。

接著就是《成唯識論釋》，那書名頁上面寫的是「平實導師著述」；其他的那些書籍，我們都叫作「述著」，因爲先講，然後整理成書；這一部是先「著」然後「述」——寫好了以後再講。那我們二月已經開講《成唯識論釋》了，爲什麼要開講呢？因爲其中有許多引用經論的資料、引用《述記》的資料，那些唯識學專家讀不懂、亂解釋，所以那個部分我引述出來——跟《成唯識論》的論文有關的部分引述出來，我要在增上班裡面解釋。這個《成唯識論釋》我預計大概六年講完，現在總共是十輯，講完以後我這一世最重要的工作就圓滿了，我所規劃的就圓滿了，其他的就是看有哪一些經典覺得重要的，譬如說《無上依經》等等，也都能講的話最好就先講一講。

接下來就是說，懂佛法的人，聽聞之後自然就有受用－解脫上的受用，以及智慧上的受用－那他就可以依止；如果沒有受用呢，不能怪別人，要怪自己，就是福德資糧、智慧資糧還不夠，所以他不會有受用；這個不能怪別人，只能怪他往世學佛以來時間還太短暫，人家已經修了將近一大阿僧祇劫了，他才不過修了十劫、九劫，那當然還不夠。所以他們沒受用就亂批評，然後說我都沒有講唯識性、唯識相、唯識位，可是在這二十年當中，我講了許多的唯識性，我只是沒有把「唯識性」三個字帶出來講；我也講了許多的唯識相，因爲這八識心王的行相，我講了太多了，所以唯識相講得更多，比唯識性還要多；唯識位呢？因爲他們不斷的糾纏、否定、誹謗，那唯識位我也講了不少，所以像眞見道、相見道、通達位等等，我也講了不少，但是唯識位在十地的部分我講得少一點，但其實也不算少，像《楞嚴經講記》裡面，唯識位包括初地到十地我都有講了，包括某一些現觀我也說了，雖然現觀不能講太多，講太多大家也不信，所以就針對大家所能夠理解、能信受的部分，我把它講了，所以唯識位我也講了不少，只是我沒有提出這九個字來講。可是沒有這九個字，不代表沒有講啊！在《成唯識論釋》裡面，總共二十一章，我把它區分成三大篇，第一篇就是唯識性，第二篇是唯識相，第三篇是唯識位。顯然我講了那麼多的唯識性、唯識相、唯識位，而他們聽不懂，他們不知道那就是唯識性、唯識相、唯識位，所以認爲我沒有講。

我寫《成唯識論釋》的時候，分成三大篇，爲什麼可以這樣判？爲什麼判成二十一章？還有更多的「節」、更多的「目」，爲什麼這樣判？因爲如實證解！判教要有一個基本的條件，就是如實證解！你有如實證解，你可以如實理解《論》裡面所有義理，然後你才能夠作教判，否則你要判教是沒辦法判的。所以隨便拿一個什麼依士釋，然後就出來說：「**蕭老師不懂！**」老實講，依士釋他也不懂，因爲這個依士釋等總共有六釋，他並不懂的。這就表示說：佛法的實證，不在於評論別人，而在於評論的時候，你有那個實質，你的評論完全是正確的，這樣才有用啦！這個叫作判教。所以評論不是批評，作法義辨正不是批評，它是判教。而這個判教呢，釋印順也作了亂判，所以他的三系判教是完全錯誤的；而其實判教不用他來判，如來早就判好了。最有資格判教的人是 如來，因爲法從 如來出！所以 如來說了這些法以後，祂(於經中)作了判教說這是什麼、那是什麼、那是什麼。釋印順是一個博地凡夫，他沒有資格判教，那追隨釋印順的琅琊閣也一樣沒有資格判教，因爲完全不懂的！

所以這個判教作出來以後，將來我們會印成書流通，可是印書的速度不會快，因爲要到六年過後才會印齊，總共十輯；那麼第一輯可能會提早開始校對，我預計大概差不多七月開始就得校對（導師問：「我們那個……是什麼時候？」陸老師答：「十二月。」）所以我十一月底要先把它出版，先不流通，要等在國家圖書館的新書發表會已經圓滿，然後我們才會正式流通。那第一輯會提早校對，不過校對的人會比較辛苦一點，也會比較輕鬆一點；諸位也許覺得奇怪，怎麼辛苦又輕鬆？辛苦是說因爲法義太深，那法義太深，所以校對的時候會比較辛苦；可是其中又沒有多少可以修改的地方，所以校對起來也會比較輕鬆，因此這是辛苦與輕鬆兼具的事情。就像有一位親教師跟我說：「**老師您都說我們是幫您校對，其實有的書我們自己讀都讀不懂了，怎麼可能校對？**」他講的是《楞嚴經講記》。

事實上也是這樣啦！只是畢竟有一些牽涉到事相上和經文、論文文字上的訂正的部分，還是要求證，所以校對還是需要的。因爲有時候語病的部分，不是一次的修飾就可以全部找出來，所以我第二次修飾的時候，還是發覺有一些語病，重新再把它修改以及增補，使這個語病消失，才不會誤導後人。那麼因此說，這《成唯識論釋》十輯都出版完畢，我這一世的主要工作就圓滿了，剩下來就是八十幾歲以後，開始隨緣隨分去審視哪一部經典對大家最有幫助的再來講。可是你們增上班的同修如果把《成唯識論釋》的課上完了，然後出版的也買來讀完了，你們就會發覺說，我其它除了《楞嚴經講記》、《楞伽經詳解》以外的那一些經典的講解，你就會覺得這個怎麼好淺好淺，但那不是因為它淺，對外面的人來說還是好深好深，可是因為你經由《成唯識論釋》的修學與熏習，你的層次快速的拉高以後，再來看原來那一些經典的講義，你就覺得那個很淺；可是對外人來講，它仍然是甚深極甚深的經典。這表示什麼？表示我功不唐捐，也表示你們自己功不唐捐，也就是說你在護持正法上面已經更有能力了，因為你已經又跳上一大階段去了！

我這一世最重要的任務，就是幫助大家在道業上快速的進步；那希望大家在道業上有快速的進步，我就必須把諸位快速的拉升上去；但快速拉抬上去的時候，又不能沒有福德的支持。所以包括修定的福德、消除性障的福德、在護持正法上的福德，以及智慧增長上面的這些福德，都要跟上來；全部跟上來以後，你那些智慧才不會變成「乾慧」。如果都是「乾慧」，你的轉依不成功，那對你沒有受用，反而增長慢心。因此我們就要開闢許多的福田，那開闢這許多的福田裡面，針對現在的情勢，我們必須要作的就是正覺寺。因爲要復興中華佛教，那就必須要蓋正覺寺。

這個正覺寺，很早以前我就講過，我說將來如果正覺蓋一個很大的寺院的時候呢，我不會像聖嚴法師那樣。我說他怎麼樣？就是一句閩南話：「捏驚死，放驚飛」！他就這樣啊，好像麻雀抓在手裡，怕抓緊了把牠捏死，可是太鬆了又怕牠飛走了！我說我一定不會這樣。因此買了正覺寺這個地以後，我作了決策，先把決策定下來，前面開過六、七次會議之後，我就不再參加，因爲決策已經定好了；剩下來細節的部分，包括它的建築外觀等等、裡面的內容等等，那都是陸駐會常務理事（購地當時的陸理事長）領著大家每週最少開一次會，有時候開到兩次會，不斷地去討論、不斷地去進行，因此使正覺寺的籌設工作可以順利進行。

那在這裡我也得要特別再感謝一位師兄，在感謝他之前，還是感謝陸老師領著諸位幹部，努力地去把它規劃到最好。這位師兄就是幫我們把這個正覺寺的全部申請工作由他來推動，他付出了非常多的心力與財力，才能夠這麼快把它完成。所以前縣長跟現任的縣長都說我們這個案子幾乎是特例，因爲從一個鄉村住宅區變成一個宗教文化園區，而且是在這麼快的幾年就完成—我們認爲太慢，他們說這很快了，實在太快—而且是第一個例子，以前沒有過這樣的例子。都是這位師兄付出他的時間、體力、精神，付出他的財力來推動，所以我們才能夠在這段期間開工，然後還有一些工程我們都已經開始陸陸續續在發包之中。那預期——我本來太樂觀了，說兩年半完成，實際上不可能，因爲先要作整地（水土保持）的工作，有許多地方我們必須要加高，那些整地的工作要先作，作好之後，然後建築的工程才可以繼續進行。所以建築工程預計應該是在半年內會開始，這段期間就先作整地的工作，屬於雜項執照的部分，那麼建築就會稍晚一點。所以預計大概三年後完成，再加上室內的裝修，可能需要半年，這樣速度算很快了，希望那個時候大陸疫情也過去了，那我們就可以正式的啓用。

這就是我簡單的一個表述，個人對自己這一世弘法事業所作的一個表述。也就是說這個正覺寺必須要建立起來，然後去攝受大陸同修，這樣中華佛教才有可能復興，否則中華佛教復興就只能侷限在臺灣島，這是很可惜的。那我們未來世再繼續繼承這個很宏大的一個事業，因爲佛教史上像這樣復興的紀錄並不多，所以我希望自己這個福德藉著陸老師、楊理事長跟諸位幹部、諸位同修綁在一起。綁在一起好不好？（大眾答：「好！」）對！（大眾鼓掌……）所以說你們對正覺同修會、基金會的護持，對正覺寺的護持，這些福德都跟我綁在一起，未來世不管你生在哪裡，你都會再繼續跟我相遇，（能達成這個目的）這個機會不多。有一些事情，我就不方便講，那就是要留到將來十八年後我走人的時候再來講。這些就是表示：諸位跟我的緣不會終止在這一世，會是未來世繼續延續下去。所以呢，你跟父母子女的因緣只有一世，可是你跟我的因緣會有無量世，會有無量世！藉這一世這個機會，我們大家綁在一起，那未來生生世世就會重新再相遇，雖然狀態不一定一樣，但是人還是同樣的這一些人。

另外，我們現在有的人說：「**同修會現在人多了，很大了！**」其實不大，其實並不大！當年我離開汴京到南方去的時候（得罪了皇帝，所以不得不被貶去南方）送行就兩萬人了，我們現在才多少人？所以不算多啦！我們還有很多的同修，但是這要靠我們把正覺寺蓋起來，然後攝受他們過來；要攝受他們過來，因爲有好多都是往昔的佛弟子，親隨　如來修學的佛弟子還好多，可是因爲隔陰之迷，所以他們尋覓正法也是很困難的事情。

諸位還要建立一個觀念，就是說其實每一個人都是再來人，因爲你不是只有這一世；那你是再來人，善知識當然也是再來人啊。所以當年　佛陀的兒子羅睺羅也在會裡，但不是在臺灣，他是在大陸。可是他密行第一，這一世依舊是密行第一，我還是不能說他的密行是什麼，因爲不能講，若講了，老實說啦，臺灣有一句話說「不值一文錢」，講了就沒有祕密了；可是那個祕密還眞的是祕密，所以我也不能講，大概就是這樣子。

所以應該要有一個正確的觀念：我們是一世一世都在佛法正法當中修行。如果不信自己是再來人、不信善知識是再來人，那他在佛法上的修證是還距離很遠的，表示他的善根還不太夠。因此那些退轉的人說：「你們爲什麼有時候有事情還要在佛前擲筊請示？」他認爲　佛陀已經入滅了、灰飛煙滅了、不存在了，他中了印順的毒箭，所以心也中毒了。其實佛陀哪有入滅？佛陀具足證得四種涅槃之中最後一個，叫無住處涅槃，無住處涅槃就是不住生死亦不住涅槃，那怎麼會入滅？佛陀是永恆的！每一個有情都是永恆的！除非你是定性聲聞。所以，都是無始無終的，怎麼會是入滅就不存在了？那些人就是善根還不夠，才會去相信部派佛教那一些聲聞僧，成爲聲聞僧的遺緒。那因此呢，這觀念大家還是要建立起來，不要聽到說某某人可能是古德什麼人再來，然後就說：「**又在講這個！**」不要這樣想，因爲這是事實，因爲每一個人不會只有一世，要記得這一點。所以 佛陀是一直都存在的，佛對於有緣的人，祂會以祂的變化身來跟你示現、來幫助你，因此我們對 佛要有具足的信心。對 佛有具足信心的時候，你想想 佛有沒有可能就把我們丟著不管？不會的！所以一定會指派某一些弟子繼續來人間，這個是絕對的事情喔。

那是不是說某人就是古時候的某人？也不一定，也不一定喔！譬如我講了說：阿難尊者再來，也在人間。大陸馬上就出現了一個「阿難尊者」（大眾笑…），但是他有沒有那個實質？要看那個實質啊！智慧第一，要有智慧第一的實質；解經第一，要有解經第一的實質；那阿難憶持法藏第一，他的願就是憶持諸佛如來的法藏，那也要有那個實質啊！阿難尊者是何等的身分！他一個沒證初禪，沒有非安立諦三品心，連明心都搞不清楚、都眞妄不分的人，自稱是阿難尊者？唉！可是有人會信欸！

表示那個信的人，是程度怎麼樣？（會眾答：「低！」）就是低嘛，諸位說的都沒錯。所以這些觀念跟知見，我們一定要建立起來，在我們心海裡面，把它牢牢的種上去，不要被外在的胡言亂語所影響。

所以呢，諸佛菩薩常住人間！諸佛菩薩不是聲聞，所以不會取滅。那諸位將來同樣要去證無住處涅槃，成佛的時候證無住處涅槃就是無住處，因此不在生死，也不在無餘涅槃中，那是不是常住？就是常住！所以這個觀念要建立起來。如果大乘法不是講常住，那大乘法就是戲論，這個觀念要建立起來：一切虛妄的法、虛假的法都必須要依這個眞實法才能建立。如果這個觀念建立起來以後，你於未來世學佛的過程當中，遇到其他的邪見，你就不會接受，你就知道「這個是邪見，我不應該接受，要遠離」；然後聽到正法的時候，你就會相信「這是正法，這才是我要的」，那未來世走的路就不會出差錯，就一定會走在正道上。

今天的報告我就講到這裡，耽誤大家好多時間，謝謝大家，阿彌陀佛！

二〇二二年三月十三日 於臺北正覺講堂

一一二年度會員大會開示文

感謝大家！週日放棄了陪伴家人，還踴躍地前來開會，謝謝大家的護持！

經過這三年，平靜中卻有紛紛擾擾的事相，也就是說，三年前開始了一個「琅琊閣之亂」，那當初我們開會判斷的結果，現在就證實了，這個亂事主要就是三個主角，三個主角裡面有兩個是背後支持的——其中一個提供了美國手機的號碼來開設琅琊閣的網頁；另外一位是法師，他想要藉著這個事件來證明他所學的法到底正確或者錯誤。其中最重要的主角，就是他主持這個網頁大部分的文章，諸位都已經知道是誰了，我就不必指名道姓。

那麼其中的那位法師後來看雙方（就是學員跟他們）的論辯，他確定了這個法正確，確定之後他就告長假離開了，他就要用這個法去大陸推展，他要建立一個宗派。

我們一向是反對宗派的，因爲大乘法本來就沒有宗派；玄奘的年代是這樣，天竺的年代也這樣，我們現在也應當這樣。但他認爲應該要建立宗派，所以他出去建立宗派。

那麼他也說他自己請示了 如來，「如來」說他應該去建立宗派。但是我這裡附帶要向大家報告：如果你們有請了佛菩薩聖像在家裡供奉的話，務必要請福田部去安座、辦理安座法會，因爲佛菩薩你必須要邀請，祂才會來你家住持，你沒有邀請，佛菩薩不會來的。一般鬼神是求之不得，你不求他，他也要來的，因爲他們爲了生存是這樣，或者說天魔波旬無孔不入；但佛菩薩的格不是那樣的，所以你必須要有誠心、有恭敬心來邀請，也就是辦理安座法會，然後佛菩薩才會來住持。所以當供奉的人，他的心已經變了，他把原來護法、學法的心改爲破法的心，佛菩薩就離去了，就不再住持了，那以後他所請示出來的結果，就跟沒有安座的聖像是一樣的，那就是鬼神的指示，所以什麼樣的情況都會有，我們就不必理會。

但是提醒諸位，如果有誰家裡佛菩薩供奉了以後，一直都沒有舉行安座法會，那麼請趕快聯繫福田部，去安排時間、去家裡舉行安座法會。安座法會之前，如果你確定家裡的所謂佛菩薩並不是眞的佛菩薩，那你就不要再供養，並且請他們離開，因爲那是鬼神——你已經確定了。沒確定就不要這樣作。你確定了，就請他們離開，用一塊黃布把佛菩薩的聖像蓋上，然後等候福田部來舉行安座法會，再重新供養。這個事情是一定要記得的，不要忘記。如果沒有（舉行）安座法會，然後你就直接供養，那你上了香以後（諸位都知道，鬼神他們是聞香而來，他們以香爲食），如果這裡沒有佛菩薩住持，鬼神就會來，你點了香他們就來，那是會跟密宗一樣——密宗的那些所謂的佛菩薩像，供奉了以後，結果都不好，對信徒、家庭、事業都不順利。這點是請大家要注意的。

好！那麼話說回來，由於琅琊閣事件的問題，當初我們在猜測爲什麼他們會這樣作，那後來也證明我們的判斷是正確的。這位主持人住在什麼地方、跟什麼人在一起等等事情喔，還有其他的他們家裡的事情，我們大概也都差不多知道了。那後來他的家人因此沒有再去看他，因爲不能去看，每一次去看了，第二天他就貼文章罵兒子，順帶就罵正覺。因爲呢，我們很清楚知道他就是不想被打擾，因爲他希望家人跟他走，家人不想走，如果兒子常去看他，他就更生氣了；所以有這些事情等等。那很多其他的事情都屬於事相，事相上的事情我們就不說它，因爲我們是以法爲歸。

所以呢，儘管他們跟以前退轉的人一樣，都是先作人身攻擊，後來證實那些都是虛妄的、編造出來的假事實，於是攻擊不成，然後就開始攻擊法；這些退轉者所走的路大概都一致了。但是這一次是明顯比二〇〇三年那一次，層次差太多了；二〇〇三年那一次，我們作了正式的書本回覆以後，他們不到一年就全部解散了。因爲他們離開後，本來在信義路二段買了一個房子（一個大樓中的一層，他們叫作「信義講堂」），但是大概一年後賣掉了，因爲他們知道自己的法確實錯了。他們知道錯，這是表示呢，這一世他們不會下墮，因爲知道錯了，他就懂得懺悔！懂得懺悔就不會下墮。

可是現在這一批人，主要的那三個人，有一個就是那個法師，算是回到正法，但是卻求名聞利養去了，那是另一回事；至於主謀的這兩位能不能得救，還要看他們以後了，但是 大士的指示，是可能得要下去了，那是沒辦法的事。但是我們該作的事情繼續作，大概今年就會告一段落，就是親教師們（視頻弘法）錄影、去討論他們的相似佛法[5]，已經討論到差不多了，大概今年就會圓滿這個法義辨正的事情，然後我們就繼續專心弘法了。我所知道親教師們的開會是這樣決定的，對不對？好！那因爲我不涉入，我不知道，我只是聽到說有這樣的消息。所以明年他們如果繼續寫，那就是眞的當作狗吠火車了，就不理他了，因爲三年的法義辨正講得也夠多、也夠深入了，有智慧的人都可以看得懂。那麼這就是三年來的「琅琊閣之亂」，最後還是沒有亂起來。

但是所謂請示佛菩薩的事情，還是要請諸位先確定你家裡眞的有佛菩薩來住持。如果是鬼神入侵的話，那你請示的結果是不可以作爲依憑、不可作爲憑據！

另外呢，我要說的是，進入了正覺以後，由於我們正覺的特色就是「實證的佛法」，因爲我們的法不是只有二乘菩提，我們是以大乘菩提來函蓋二乘菩提，而且我們從三十年前一開始弘法就提出一個說明，就是這一切佛法都是可以實證的！其實最早提出「實證的佛教」是現代禪，可是後來證明現代禪根本就悟錯了，他跟那些大

5 「三乘菩提之相似佛法—重蹈燈下黑之琅琊閣」 https://video.enlighten.org.tw/zh-tw/a/a23
「三乘菩提之相似佛法（二）—重蹈燈下黑之琅琊閣」 https://video.enlighten.org.tw/zh-tw/a/a25

師們一樣，還是落在離念靈知裡面。後來我們弘法之後，他也曾經封山，封山之後呢，最後他乾脆就向佛教界懺悔，所以臺灣、大陸的各大道場，都有接到他的懺悔文。所以他後來開始走向彌陀法門，因爲他認爲自己是大妄語（那麼他還有一些牽涉密宗的事情我們就不談它），他可能自認爲一定要下去，所以他就有一句話說：「從今以後彌陀是我的唯一（好像是）「歸依」（還是「依靠」）」[6]，有這麼一句話；那他這樣就不會下去了，這是好事！可是如果以琅琊閣的事情來看呢，琅琊閣顯然比他嚴重過幾十倍了；那　大士很慈悲，希望我們救他，但是我們眞的救不了他，力有未逮啊！不是不想救，而是他已經失去了人的格——失去了作爲人夫的格、作爲人父的格、作爲道友的格；他已經沒有人的格，所以我們眞的救不了他。能夠救他的方法我們都去作，例如我們出版《成唯識論釋》也是救他的方法之一，但是我的想法呢，即使你把《成唯識論》的眞義講得清清楚楚、明明白白，他還是不會接受的，因爲他沒有那個格，那就無可奈何。

6 編案：〈李元松向佛教界公開懺悔啓事〉：【唯有「南無阿彌陀佛」是我生命中的依靠。】擷取日期：2023/3/19。https://zh.wikipedia.org/zh-tw/%E6%9D%8E%E5%85%83%E6%9D%BE

但是我要回來說，我們是一個實證的佛教(道場)；那現代禪被證明他悟錯了，解脫果也證錯了。我們接著提出來「**實證的佛教**」，並且這個倡議，是在《正覺學報》的第一期或第二期，就有這個序文正式寫出來了[7]。但是我們同修會有一個離開的師兄，他提倡說他是「實證的佛教」，說他是最早提出來的，其實不對！最早的是現代禪，但現代禪的實證佛教無效，因爲是錯誤的；而那位師兄說他是最早提倡的，其實是我們，不是他，可是他讀過的都忘了，然後在我手下悟出來的也不承認，說他是自己悟出來的，但是如果沒有正覺出世弘法，他能悟個什麼？什麼也不是！那他們就是藉這個法來謀取名聞利養。

這樣就有一個問題產生，也就是說，到底他是悟了沒有？因爲我們常常講，你證悟了以後，**「有沒有悟」的審判標準、評量標準是要看有沒有轉依成功**。而且我們也常常說，某一部經中 佛陀講了一些開示，可是那些開示裡面沒有提到什麼勝妙的

7 平實導師，《正覺學報》創刊詞：【從方法學來描述佛教時(例如：以批判爲方法來研究佛教，就是「批判佛教」的話)，那麼眞正的佛教應該稱爲實證佛教，不應該用其他的方法稱之。】《正覺學報》創刊號，財團法人正覺教育基金會，二○○七年十二月二日初版首刷。

法，看起來都是跟事相有關的，可是爲什麼就有多少人證得二乘的無生忍、就有多少人證得大乘的無生忍，甚至於有多少人證得無生法忍，什麼原因呢？因爲他們以前悟時還沒有完成「**無間道**」。「無間道」的意思是說你悟後要轉依，心心無間，都無猶豫，一點懷疑都沒有，這樣如實地轉依你所證的第八識眞如，以及祂的本來清淨的自性、本來解脫的自性，這樣才叫作眞正的實證無生忍或者無生法忍。所以很多人知道了般若的密意，但是他心中不得決定，沒有辦法心得決定的時候，他就不能成就無間道；那他心中始終有疑，有疑就不是眞的證無生，所以得要聽到佛菩薩說些什麼法，雖然那些法跟所證的佛菩提無關，但是卻可以促使他心得決定（才能證得無生忍等）。所以，有沒有眞實的證悟，除了智慧上有沒有通達以外，還要看是否完成了「無間道」；也就是說，你對眞如通達不通達——這當然不是講七眞如的通達，而是講眞如總相的通達——對眞如總相有通達了，你才能夠心得決定；當你心得決定了，你才叫作（眞見道位的）開悟的人，或者也可以依二乘教來說，你就是開悟的聖人。這叫作聖人喔！可是聖人要有聖人的行止，如果「聖人」的行止，都在貪求名聞利養，他還叫聖人嗎？由這一點諸位就很容易來判斷了。

所以，既然我們是個實證的佛教道場，那諸位已經進來了，也成爲會員、學員了，那當然，我還是要鼓勵諸位要實證！而對已經實證的人呢，我的要求更高，我的要求就是：你證眞如以後，要住於這個無分別影像中，因爲眞如是無相的；那悟後要繼續努力在事相中治修其心，也就是要依於眞如來治修其心，那你治修其心不能離開世間相，所以你要在各種有分別影像裡面，去繼續進修那個無分別影像，使自己的眞如別相智可以生起。也就是諸位要繼續聽經、上課，然後回家還要繼續自修。

那這一世在講經方面啊，我會把它講到圓滿，也就是說，最深的經，我先把它講完——《解深密經》是三部最深的經之一，那前兩部，最深的《楞伽經》、《楞嚴經》都已經講過了，這一部《解深密經》講完可以算是圓滿了；剩下的就是其他相關的經典，我已經挑選了九部在等著，那這九部講完，大概我就走人了。這一世講經的計畫要把它圓滿，剩下的就是破斥外道，尤其是那些部派佛教的遺緒——就是釋印順那一派人；不幸的是，他們主持了《中華電子佛典》的編輯，把許多的外道論也放進去，我們就得要把它整理出來，要預防後世的學人（當然也包括我們後世）再被誤導，所以《正覺藏》是另一件重要的工作。

……（一段開示省略）

那這三件事作完了，我這一世的任務就圓滿了，圓滿的另一個名稱就是結束，結束就是要走人，轉到下一世去，然後下一世看哪個大陸同修的家庭願意接納我，我就生到那裡去，大概就是這樣的一個過程。因此我還是要感謝大家！因爲有諸位作爲聞法眾，所以我才能夠繼續講經說法。也有諸位實證的人，所以呢，我幫助諸位實證來作爲見證，也才能成功；如果每回禪三都沒有人報名，我也幫不上忙。所以既然有緣進入正覺來相遇，這個緣分，不是一世、兩世的事情；如果是一世、兩世的事情，那一定會退轉。但是呢，我們這個法跟外面不同，我們這個法是你悟後要繼續進修，所以，我們有學不完的法，從凡夫地一直傳授到如何進入佛地，這些法我們都會傳。

那我們既然有這樣的法，諸位有幸進入這樣的道場，就應該以實證爲標的，不要像世間人那樣，作著迷幻不實的空思妄想；但是在這個實證的過程當中，以及實證之後，也仍然有六度萬行要繼續行，不是說悟了以後就天下太平，那是禪宗一般祖師的作法啦！我們這個法，悟了才是修道的開始！所以，在這個法裡面，大家就要繼續培植福德，繼續修集定力，繼續把應該要改變的心性，好好加以改變，要使自己的心性全然符合菩薩的格，因爲菩薩有菩薩的格，所以 佛說「**菩薩種姓**」。爲什麼叫作菩薩種姓？因爲他的心態，他的身行、口行、意行，都要符合菩薩的格，這樣符合菩薩的格以後，你才有資格可以實證 佛不對聲聞人所傳的大乘法，所以這個法不共二乘，才會稱爲「別教」，那經由別教的實修，最後你就可以成佛，才叫作「圓教」。

因此既然進入這個法裡，那就請諸位要將實證的條件，你應先去具足，不要老抱怨。在各種共事的過程當中，有時候有的幹部他比較心急，可是心急不等於惡心，所以現在大家終於漸漸瞭解：某某幹部，他那個人喔，豆腐心是刀子嘴，講話都會傷人，可是他沒有傷人之意，因爲他的習性就這樣！那我們也幫助他慢慢地去改變，他的心性也可以成長，諸位在這個狀況下也要學會忍辱。所以琅琊閣爲什麼會出來亂？就是他們的心性沒有修好忍辱，所以同事之間有一點點的不愉快，他們會擴而大之，然後就記恨，因爲沒有辦法對那一些同修們去報復，那他們就怪到正覺頭上來，就把正覺當作——世間人講的叫作冤家、仇人一樣，所以那位法師說「他們對正覺是苦大仇深」，我說：「苦從何來呢？」我又沒有得罪過他。「仇從何來？」我也沒有作過什麼事情不利於他呀！爲什麼對我有仇呢？後來我們探究了，結果有仇！因爲他的家人不肯隨他而去，所以對我有仇，就只能這樣解釋了。

所以如何成就心性的改變，去符合菩薩的格，這是最重要的事情，因爲在智慧上，我可以把諸位從凡夫地教到佛地，現在《成唯識論釋》講的，就是這個凡夫地講到佛地，我們講這《解深密經》也是如此，所以《解深密經》中，以前 佛陀只是私下指導的法，我現在也講給諸位聽，這在經典裡是找不到的，因爲 佛陀以前是私下指導的，不在公開講經來講的，但我現在也講給諸位聽。可是問題是：這個智慧你學到佛地了，你就能成佛嗎？你的心沒有到那個境界，那你空有智慧也是不能成佛的！

還有一點很重要，就是要攝受眾生，千萬不要跟眾生結惡緣，因爲呢，**攝受眾生就是攝受佛土**，所以誰攝受誰不一定喔，有時候某某人，指揮你作這個、作那個，可是往往是你攝受他，因爲你發覺他作事講話不得當，那你可以忍下來，能夠找個機會私下沒人的時候告訴他：「**這樣作好嗎？或者應該怎麼樣比較好？**」那你就攝受他啊，看起來是他攝受你，其實是你攝受他，未來道業的進展可能你會比他快。所以不要輕視任何人，在上位者不要輕視下位者，不要輕視任何人！但是呢，在下位者要學會忍辱，因爲你會忍辱，你就能攝受別人；你攝受了別人，未來世反而他成爲你的弟子，這是在佛教的弘法過程中，常常一直都存在的事實。所以還是請諸位這個四攝法要記得：「布施、愛語、利行、同事」，這是很重要的事！你如果沒有同事的緣，那就是過去世沒有修好；那你如果過去世有修同事的緣，也就是說你對四攝法修得很好，這一世呢，你就有很多人願意跟你共事，那你成就任何法都很容易；所以這個事情還是請大家要注意，這樣我們正覺能夠上下和諧，大家一起在道業上共同努力、共同前進。

那因爲對會外那一些所有的道場我們都已經失望，都已看清楚他們沒有辦法去扶得起來，也就是說他們都如阿斗，是扶不起的，所以我們在二十年前就決定要走自己的路；以前是想要把這個法傳給那些大法師們，希望他們可以承受這個法來繼續弘法，因爲他們在佛教界有基礎，但是後來我們看清楚，任何一個道場都不可能，所以我們決定走自己的路。那既然走下來了，我們對於自己的同修當然就要好好攝受，然後呢，我們儘量想方設法，開闢各種福田給諸位種，那你種了福田，就有那個資格可以實證。但是除了種福田以外呢，還有心性的修改、改變，心性的改變也是福德的一種！那加上定力也夠了，這樣實證就是水到渠成；只要在正覺不離開，遲早都可以實證，這是我的想法！

那今天也沒有特別準備什麼來跟大家講，但是我說的這個是最實際的，因爲，「**智慧**」我可以教諸位一直往上走，但是你的「**心性**」與「**福德**」如果沒有跟上來，學了這麼多智慧，畢竟也只是乾慧，因爲你並沒有辦法轉依成功，譬如說我講了初地眞如，乃至講了佛地眞如，你也轉依不成功，你還是跟不上來，那就是要一世又一世慢慢地修；所以我這兩年常常告訴諸位說心地要趕快轉變，心地要清淨，要符合你所證的增上心學、增上慧學，那這個前提就是先有增上意樂，然後才有增上戒學，所以這四個部分大家都要去注意！

我今天就提出這個重點，希望大家互相共勉，互相扶持。如果同修之間有不如理的地方，就找個私下的場合跟他提出來勸諫；如果同修之間有作得好的，我們就給予他讚歎，這樣大家互相扶持，那麼未來世我們還是會再相聚。但是你們不要想說：「你未來世去大陸，我們怎麼相聚？」也不一定啊，因為去大陸，我將來長大以後跟這個法又接上了頭，我還是可以回來朝山的啊，或者有人要往生去大陸也可以啊！因為我的任務就是復興中華佛教！既然這個任務要去執行，不能捨棄，還是要去那邊成長吧！總之我們就是一個佛法的大家庭，那佛法的大家庭，大家就是師兄弟，既然都是師兄弟，兄弟不是外人吧，是家人！既然是家人呢，每一個家人都要互相扶持，那這樣我們就是廣結善緣，這樣子的話，到未來世，那個緣還是會繼續存在的，那你未來世長大不久又會接觸到這個法，立刻又回到這個大家庭來，這樣大家道業的增長就很快。

但是結論就是說，心地一定要趕快轉變！才能夠至少在九千年後，證阿羅漢果。我知道有幾位可能這一世可以取證阿羅漢果，這是目前已經可以看見的，因為有努力在轉變心性——如果心性沒轉變，就不可能。但是至少在九千年後要證阿羅漢果，然後去彌勒內院，跟隨當來下生 彌勒尊佛好好學法；你在人間如果法學好了，《成唯識論》的百法你都通了，那學好了之後，去到彌勒內院，可能你在追隨 彌勒菩薩下生人間之前，就已經入地了，這是有希望的。那我希望是有一些人在九千年後已經入地了，這是我的期待！總而言之就是肺腑之言！諸位如果聽得進去，有努力在心性上去尋求轉變，心性到了，你實證的因緣一定會成熟；因爲最難修的是心！不是智慧！有善知識在的時候，智慧是容易修的，但是心很難，因爲心呢，就像猿猴一樣很不安定，一直在追求六塵境界，那我們藉著這個法，不斷地去看穿「**能取的是**（空性）**自己**、**所取的也是**（空性）**自己**」，然後心性轉變了，把那個能取與所取的習氣加以改變，那你要修增上意樂、增上戒、增上心、增上慧，就全部都很容易。所以最重要的還是心！智慧努力地學，但是學了就要轉依那個智慧！這就是我的期待。

好，謝謝諸位，阿彌陀佛！

二〇二三年三月十二日　於臺北正覺講堂

一一三年度會員大會開示文

——空有之諍與佛教復興

各位同修！今天我們大家的座位排得比較寬鬆，是因爲最近流感病毒很猖獗，而且新冠肺炎也繼續在傳播當中。我們有一位臺北的同修，甚至感染後變成肺浸潤，呼吸困難，結果要送榮總加護病房；所以我們座位就排得寬鬆一點，多開幾個講堂；希望大家來開會、工作或者共修的時候，要記得戴口罩，預防被感染。

那麼今天究竟要講什麼呢，其實我到昨天也沒有想到說，我今天要跟大家講什麼，可是今天凌晨四點，突然想起來說，我可以跟大家講一講「空有之諍與佛教復興」。可能因爲我太掛念著部派佛教那一些聲聞僧吧！所以總是拿他們作題目，來教育佛教界。

我們從佛教史的現象、事實觀察下來，其實從有部派佛教開始，佛教的衰敗都是由於部派佛教、那十八個部派乃至後來衍生成二十五個部派，都是由於他們的邪見在擾亂正見的弘傳，所以導致到末法時代的今天，都還有釋印順這個餘毒，繼續在荼毒佛教界。好在正覺出來弘法，把這個事實揭穿出來。

那麼我首先要談「空有之諍」，它是怎麼來的，然後再來談佛教的復興。「空有之諍」——其實那個定義根本就定錯了，因爲這三、四百年來所謂的佛學學術界，他們其實都是部派佛教那些六識論的聲聞凡夫僧的遺緒，也就是他們的後代。那麼他們所謂的「空宗」，到底是不是「空宗」？他們所謂的「有宗」，到底是不是眞的「有宗」？這是很值得探討的題目。如果我們沒有把學術界這一些錯誤的判斷和說法加以改變，那他們的那些錯誤的說法就會繼續荼毒佛教界的學人，乃至於大法師、大居士都被荼毒了，這是正覺弘法之前已經確定而且存在著的現象。

首先來講「空宗」。「空宗」爲什麼叫「空宗」？因爲他們崇奉三論，也就是《中論》、《十二門論》、《百論》。《中論》是在天竺，我的師父龍樹菩薩寫的，……（所說不便公開故省略）但是這三論講的內容是什麼，這才是重點。這三論講的就是空性的功能德用，也就是第八識如來藏的功能德用，這才是「空性」。但是他們三論宗，崇奉這三論的時候，口中說的是「空」，可是一切身口意行，這所知所行等三行全部都行在「有」之中，因爲都落在三界有當中，從古到今沒有一個人脫離過三界有。

那麼這個「空宗」，主要是以密宗的應成派中觀和自續派中觀爲主。應成派中觀撥無一切法的時候，又怕落入斷滅空，所以從佛護開始一直到釋印順，都在否定了六識的眞實有以後，怕落入斷滅空，所以回頭又把意識切割一小分下來，叫作細意識，然後說細意識是常住的。那他們說的常住法，後來釋印順又發明了一個新的東西，叫作「滅相不滅名爲眞如」，這更荒唐！因爲滅相就是一切諸法都滅了，所以滅相就是空無，這個滅相空無當然是不滅的，就好像虛空你沒辦法毀壞它一樣，因爲就是空無，那「空無」怎麼可以叫眞如？到底「空無」什麼處「眞」、什麼處「如」呢？「空無」根本不存在眞如！

所以他們應成派中觀就這樣，以否定一切法的想法和態度，來否定所有佛教界的一切宗派。你問他說：「那麼常住法是什麼？」他說：「一切空，沒有常住法，所以你們主張有第八識常住，就是自性見外道。」好！那我們就要探究，爲什麼他們會罵菩薩們是自性見外道。被罵這個事情，不是古時候才被這樣罵，來到末法時代，我蕭平實也被他們罵是自性見外道。這個過程我就不再細說，諸位有興趣可以去查閱電子報（那是幾年？可能有十年了），我們跟昭慧法師那個訴訟的案子，諸位就會知道了。

他們否定第八識，說：「這第八識常住的說法，就是自性見外道的說法。」問題是：當他們否定第八識的存在時，菩薩說這第八識有祂的自性、有祂的功能德用，不是空無之法，也不是他們講的說「佛只是爲了安慰怕墮入斷滅空的人而施設有第八識，所以第八識不存在」，並不是他們說的這樣！所以菩薩要舉證說第八識有什麼樣的自性，也就是說，祂是無覆無記性的，無覆無記性衍生了許多法，然後又說祂有功能德用，所以祂能生萬法等等，這才是第八識的眞實義。可是他們不懂，因爲他們也不能實證，然後又看不得菩薩實證以後出來演說正法；菩薩演說正法的時候即使不破斥他們，也等於在演說正法的時候，直接顯示出他們的凡夫的本質。所以他們就必須要出來否定菩薩所說的正法，然後就指責菩薩說：「你們主張有第八識如來藏常住，那你們就是落入三界有中，所以你們就叫作『有宗』。」好！那我們就來檢討一下，誰才是自性見外道？誰才是落在三界有之中？

他們應成派中觀否定一切菩薩所說的八識論正法，可是他們所謂的「常住不滅法（細意識）」卻是落在三界有中，而且很不幸的是落在欲界有當中。所以從創造應成派中觀的佛護開始，他們一代一代的論師也都是暗中在修學雙身法的人，那不是三界有嗎？而且是欲界有！他們所說的常住法就是離念靈知，還是欲界有，連欲界天的境界都達不到，所以他們才是眞正的「有宗」。菩薩們不是「有宗」，菩薩們才是眞正的「空宗」，爲什麼呢？因爲菩薩證的是第八識空性——沒有任何三界我的實質，但是卻出生了三界我；所以菩薩們才是「空宗」。

那麼「空宗」最有名的要算是無著與世親菩薩，因爲以前「空宗」的宗義，沒有人質疑過，沒有人把它演繹爲「有宗」過。也就是龍樹與提婆菩薩的時代，他們講的就是空性，差別只是龍樹用般若中觀寫作了《中論》，而提婆是從唯識增上慧學的立場來寫這個空性心。《中論》所寫比較和緩，所以那些部派佛教的聲聞論師們可以接受，卻把它曲解了，自以爲懂，然後自以爲是「空宗」；但是提婆是依唯識一切種智的正義來講的，所以他寫的論很尖銳，部派佛教那些聲聞論師接受不了，那就有點像今天的佛光山、慈濟、中台山、法鼓山他們都接受不了蕭平實一樣，只是現在他們沒有機會可以謀殺我，所以我猶今健在。（編案：提婆菩薩被部派佛教聲聞凡夫僧假借外道的名義刺殺而死。）

這第八識空性，並沒有任何的三界我的自性存在，可是卻出生了三界中的一切我，所以這個法才是諸法的根源、萬法的根源；包括器世間的由來，也是從共業有情的如來藏來的。那麼，他們所謂的「空宗」崇奉的三論是正確的，但他們完全誤會了三論的正義，自以為是「空宗」，而其實他們的本質就是「有宗」，然後來指責菩薩們說有第八識就是「有宗」，說「第八識是三界有」。

正覺剛弘法時也被他們指責為自性見外道，所以二十幾年前我常常說：他們才是自性見外道，因為他們落入十八界的自性當中；而我們證得第八識，那是三界外的自性，所以我們才是實證的法門。我這麼一講以後，他們檢查果然如此，他們都落在十八界裡面——都落在三界法裡面，所以就閉嘴了。那麼，空宗講的「空」，不是他們所以為的、意識思想層面所知的空無；「空」是空性，不是空無。那釋印順不懂，說「**一切法生滅無常、生滅不住，所以終歸於空無**」，說這樣就是般若的正義，但其實不是。

那麼岔個題說，密宗自續派中觀也講中觀，他們承認有如來藏，但他們認取的如來藏呢，依舊是離念靈知，或者是觀想出來的法，例如他們說人體當中有個中脈，中脈裡面有個明點，說那個明點就叫作如來藏；而他們最後還是主張「意識是常住的」。所以密宗這兩派中觀都講中觀，除此以外沒有人講中觀；反而眞正行於中道觀的菩薩們不常講中觀，而是講般若，也講一切種智。菩薩不常講中觀，因爲中道的觀行，那是佛弟子們初入門的基本證量，如果沒有這個基本的證量，都不算入門，所以這只能稱爲根本無分別智；菩薩們也看重根本無分別智，但根本無分別智不是最勝妙的智慧。

所以從這裡我們就知道密宗他們是如何誤會般若。他們所謂的「般若」就是思想層面：思惟「所知的一切法生滅無常，所以歸於空無」，主張這個「滅相不滅」就叫作「眞如」；他們認爲這樣就是「中道」——意識心自己認爲不處於空與有的兩邊就稱爲「中道」。其實意識這樣的所知，都還是在思想的層面，而思想是歸意識所有，意識滅了思想就沒了，所以他們所謂的思想，或者說「印順思想」，那都只是生滅法！

我們接著要來講：眞正的「空宗」就是菩薩，菩薩所知道的般若是怎麼說的。很多人讀了《大品般若經》，有很多人讀到後來不耐煩；爲什麼不耐煩？因爲覺得《般若經》的那些經句，有時候一句就是三十字，二十幾字、十幾字都是很平常的事，然後重複名相一直談。那些名相重複地一直談，他們讀不懂，以爲說 如來跟舍利弗他們爲什麼那樣囉嗦。其實不然！如來跟舍利弗尊者他們好幾個人，師徒們這樣詳詳細細地演說《大品般若經》，是要所有的阿羅漢們隨聞入觀——隨著所聽聞的那些經文的內容，而轉入他們所證的如來藏裡面來觀行；這樣六百卷《大品般若經》講完的時候，那些阿羅漢們至少都入地了。而舍利弗、迦旃延他們這些人可不只是入地，因爲他們是很早之前就已經入地了，在過去佛就入地了，但是一直追隨著 釋迦如來，所以後來的證量，就不只是入地而已。

那很多人讀不懂！其實呢，玄奘在《成唯識論》裡面，就把《大品般若經》六百卷，歸納爲非安立諦三品心。這個非安立諦三品心，可能大家沒有概念，我今天就用《大品般若經》經中所說的道理，來跟大家說明，讓大家讀《大品般若經》的時候，比較容易讀懂。

《大品般若經》分爲三個大部分，第一個部分就是在說明「有情假緣智」。也就是說，三界一切的有情，是由空性如來藏，藉著什麼樣的因緣來成就三界中的有情，講的就是這個道理。所以《大品般若經》的第一個部分，你讀的時候覺得很囉嗦，因爲它首先從六根說起，六根解說完了，就說：**六根皆無自性，何以故？因爲六根的自性就是「空」**。這個「空」講的是空性如來藏，不是空無的空。接著講六塵、六塵怎麼來的，講完了，然後結論說：**六塵皆無自性，何以故？因爲六塵的自性皆是「空」**。換言之，六塵的自性就是如來藏的自性，如果沒有如來藏流注種子出來的話，就沒有六塵存在，所以說：**何以故？六塵(及其自性)皆是空故**。就這樣子講六根、六塵、六識，然後講各種的心所法，講完了，最後結論說：**所以六根、六塵、六識皆無自性：何以故？皆是空故**。六根、六塵、六識的自性就是空性。那麼大家隨聞入觀以後，接著你心裡就生起了一個智慧：原來我們五陰、六根、六塵、六識是這樣來的——都是從空性來的。好！那這樣你就有了「有情假緣智」。

可是現在有了這個智慧，而你這個有情假緣智，和你的空性心眞如，是同時同處並立的，那這樣你就不會有實相般若所產生的解脫智，所以你就要把這個有情假緣智向內遣除！向內的什麼遣除呢？向內的眞如心如來藏遣除。爲什麼？因爲眞如心如來藏的境界中，無智亦無得，都無一法可得，所以你這個智慧也歸於眞如心如來藏，如是轉依的結果成爲無智亦無得，都無名相，也無一切的有情。這時候就說，你這個有情假緣智，與你的眞如心平等平等，這樣你就是證得第十住位的眞如。可是要證這個第十住位的眞如呢，你得要眼見佛性才容易，不然你沒辦法從佛性的眞實、現觀五陰的虛幻，就是純粹從明心的智慧去現觀眞如而得到的智慧，跟眼見佛性的智慧是不一樣的。十住位滿心這時候的所證叫作十住眞如，眞如與智平等平等，這就是證得十住眞如，也就是「**內遣有情假緣智**」。

然後第二個部分，《大品般若經》就開始講這個十八界法，以及十八界所含攝的諸法(以及自性)，一一爲你說明，然後最後結論跟你說：**這一切法全部都無自性，何以故？因爲皆是空性故**。你這一些法都是從空性流注種子才有的，所以都是空性所攝，因此這一切法無自性，這些自性都來自於空性如來藏。接著又跟你講，菩薩們修學佛菩提，包括要修學四禪、四空定、四無量心、五神通，那麼就告訴你說這四禪、四空定是怎麼來的，說明完了就告訴你：**這四禪、四空定皆無自性，四無量心、五神通皆無自性，何以故？皆是「空」故**。說這一些法也是空性如來藏的神用，雖然你得要經過修行才能夠發起這些禪定等證量，但是這一些證量都來自於空性如來藏，你五陰十八界自身並沒有這個自性，所以說：**這一些諸法皆無自性，何以故？皆是「空」故**。

接著又告訴你，菩薩要修學五眼、六神通，那五眼、六神通這一些法從哪裡來的？就是你要努力去修行，修行才會成就這一些法。可是當你成就這一些法以後，你要能夠現觀，現觀這一些法皆無自性，都是生滅假合以外，**這一些法都沒有自性，何以故？皆是「空」故**。全部都是空性如來藏。那麼這樣講完了，接著又講，菩薩還要修學四念住、四正勤、四神足、五根、五力、七覺支、八正道，這些法是怎麼修學來的，告訴你了；跟你講完之後，又作結論說：**這一些法也都無自性，何以故？皆是「空」故**。說這一些法你修行完成了，它還是空性如來藏流注出來的種子，你才能夠成就，所以這一些法的本身也沒有自性。然後告訴你說，菩薩也要修學諸佛如來的十力、十八不共法、三不護、四無所畏、無量的善法，告訴你這一些法是怎麼修來的，然後作結論說：這一些法也都無自性，何以故？皆是「空」故。說全部都是空性。

我這只是略述一些法而已，我沒有全部舉述出來喔！如果全部舉述出來，諸位要聽上好幾天！但是跟你歸結出來說：**這些法都無自性**。釋印順他們讀不懂啊！就說這一些法都無自性，因爲都是生滅無常，所以空無，最後就是生滅無常變空無，所以他才判教說「般若講的就是性空唯名」；「性空唯名」的意思就是說：所講的都是戲論！那他不是謗佛嗎？也是謗法呀！也是誤人法身慧命啊！

如來把這一些法都歸結到空性如來藏。這時候你進入十行位有了「諸法假緣智」，而你這個諸法假緣智是伴隨你的眞如空性心存在的，那你覺得很有智慧，因爲天下無敵！只要你有了這兩種智慧（編案：有情假緣智、諸法假緣智），你就是天下無敵，沒有哪個大師可以跟你抗衡！可是畢竟智慧還是存在，你證得這個智慧以後應有的解脫又何在？所以你還得要把這個智慧內遣、歸於第八識眞如；這個智慧內遣、歸於眞如的時候，你發覺：「原來我這個智慧一樣是來自眞如空性，所以我這智慧（諸法假緣智的智慧），其實也是來自空性心眞如，跟眞如心不一不異。」這樣內遣以後歸於無所得、無所有，那這樣你又得到更高層次的、由智慧而產生的解脫，這就是「**內遣諸法假緣智**」。

然後接著進入初迴向位，就要開始觀行一切有情假緣而有：這有情假緣智，本來你的觀行是在自己身上，那現在要擴而大之，擴大到家人、朋友、村落、整個城市、整個國家、整個世界，擴大到三千大千世界，乃至十方虛空一切所有有情，所有一切有情的產生以及輪迴不斷的生死，這種相續不斷的輪迴，原來還是從各人的空性心如來藏而有，這樣就是「一切有情假緣智」。那麼從一切有情再來探究一切有情身中的諸法，包括心所法（五十一個心所法），包括二十四個不相應行法，十一個色法以及六個無爲；這些法加上唯識種智所學的百法明門、千法明門等等，以及剛剛所講的從四禪八定到佛十力，乃至一切種智等等一切法，原來都從如來藏而來。雖然你修學成就了，但歸結到底，還是從你的自心如來藏而來。所以最後跟你說：**所以這一切諸法也是無自性，何以故？皆是「空」故**。說這一切諸法也都是空性心的自性，由這空性心的自性中流注種子出來，你才能夠修行，而成就這一些法。那麼這時候，你就有了「一切有情諸法假緣智」。換句話說，這時你對於將來能不能成佛就已經確定了，因爲你這時候得到了另一分解脫。也就是說，當你有這「一切有情諸法假緣智」的時候，你要把它向內遣除、歸於自心眞如；那麼歸於自心眞如的時候，你從眞如的自住境界來看，沒有任何一個有情、任何一法存在，歸於無所得、無所有。這樣，你連這個第三品的智慧也不執著，成就「**遍遣一切有情諸法假緣智**」，這就是第一分的法執的解脫。那麼這樣，非安立諦三品心你就完成了。

這才是般若！根本不是他們所謂的「空宗」而本質卻是「有宗」的部派佛教這一些（應成派、自續派）假中觀論師們所說的「空」。所以他們所說的空宗其實是有宗，而他們指責菩薩爲有宗，其實菩薩才是空宗。因爲菩薩的所證是第八識空性，是無所得、無所有、離名相的、離各種分別的實相法界的智慧，這才是眞正的空宗！所以他們指責說「無著與世親開始廣弘有宗」，其實不是有宗，其實是空宗！但是空宗並不單單崇奉三論而已，因爲空宗講的還包含地後所修證的一切種智。分證一切種智的人，就稱之爲得道種智，就是從初地開始到十地滿心前的智慧，都叫作道種智；這也是空宗所攝，因爲還是空性心如來藏的境界。所以他們所謂的「空有之諍」，其實剛好顚倒，應該說是「有空之諍」。可是有空之諍是表相，背後的本質就是部派佛教那些六識論的聲聞凡夫僧們在跟菩薩諍；可是菩薩不跟他們諍，菩薩就出來把正法的眞實義講清楚，然後他們不能接受，就不斷地跟菩薩相諍。而整部《成唯識論》正是講這個事情，把那些所謂的空有之諍，那些部派佛教聲聞凡夫僧所質疑的，以及他們所說的錯謬法，加以舉證，然後作了辨正，就這樣成就了一部《成唯識論》；《成唯識論》就是這麼來的。

可是後代《成唯識論》的正義淹沒不彰，因爲《述記》固然名爲《述記》，是窺基聽聞玄奘解說《成唯識論》之後，再去記載下來；可是他有些地方錯解了、聽錯了，所以《述記》中特別是針對見道的部分，就錯得很離譜，其他的地方也有一些錯誤，但是原則上我們還是讚歎這一部《述記》。因爲他的記憶很好，所以玄奘告訴他說這是部派佛教哪一個部派講的、這是哪一個論師講的，他都記住了；他的記憶很好，但是不足以全部勝解《成唯識論》的眞義，所以會產生一些錯誤。因此，玄奘捨壽之後，只維持到窺基這一代還算可以，到了第三代就不行了，因爲那個法太深！

窺基的《述記》，他旁徵博引講得很繁瑣，然後有時候又把後面論中講的法提到前面來解釋，所以大家讀不懂。特別是到了末法時代，《大正藏》的《述記》斷句錯得一塌糊塗，因爲斷句的人不懂《成唯識論》中的眞義，也不懂《述記》中講的眞義，所以他們斷句就錯得一塌糊塗，那《述記》就讓人更讀不懂。如果連《述記》都讀不懂，能讀懂《成唯識論》嗎？更不可能！所以《成唯識論》的眞實義就這樣淹沒不彰！本來窺基是懺悔說：以前玄奘寫《成唯識論》的時候，都有指名道姓說這是哪個部派講的、這是哪個論師講的，然後他出來……那叫什麼？叫搓湯圓、和稀泥！說：「**哎呀，爲了佛教界的和諧，是不是你就不要指名道姓了！**」他很堅持，所以玄奘接受了，就講「有義」——這個「有義」講完了，又另一個「有義」；那些「有義」到底是誰講的？不知道！所以很多人就依著其中許多的「有義」當作是正法，他們不知道那些「有義」是部派佛教的聲聞論師們講的，其實講錯了；所以就這樣，《成唯識論》的眞義淹沒不彰，間接的結果就是了義究竟的正法不能廣傳。

也許有人心裡面想說：「**以前《成唯識論》之後有幾個朝代啊！那你們爲什麼不翻譯出來？不把它演繹出來呢？**」問題是有沒有那個環境？沒有那個環境可以去宣講《成唯識論》。而且自從唐朝之後，有誰願意支持你去作那麼大部頭的注釋？在古時候，那要花費很多的紙張、筆、墨和人力，古時候的紙張、筆、墨，閩南話叫作

「貴參參」，很貴的！也沒有那麼多的人力可以用。我今世可以把它（《成唯識論釋》）獨力完成，那是得力於電腦！如果不是電腦幫助的話，我這一世也不可能自己一人完成。所以這一部《成唯識論釋》，從語譯、注釋、舉證聖教，然後結論作好以後，再作判教，把篇、章、節、目都訂出來，這我都是一個人獨力完成的。就因為有電腦隨時可以更改編排，都沒有問題，這在古時候是不可能的！而且呢，現在我們親教師們的智慧都很高，有的進了十行位，有的進了十迴向位，我還在等著誰入地，因為我期待的是有人可以到三地滿心，這是我的期待。那因為有這一些親教師們可以為我去作校對，所以我們《成唯識論釋》出版了，很完美。如果有人要主張說《成唯識論釋》裡面還有許多的錯誤，那就表示他的慢心很重，因為他等於是自認為比校對的親教師們還要厲害，親教師們找不到錯誤，而他找到錯誤——其實他是以凡夫的境界來找錯誤。

後來第二輯開始校對以後，我又找了時間把第三輯以後的八輯，重新再自己作了第三次的修飾。所以第三輯開始的校對會比較好——比較輕鬆一點。那麼這表示什麼？表示說「空有之諍，名不符實」。因為實際上是那些部派佛教在跟菩薩諍，而菩薩只是把正法提出來說明，將他們部派佛教的所說有什麼過失舉說出來以後，那些部派佛教的所有論師們也沒有一個人敢上來跟玄奘挑戰。部派佛教那些論師，在玄奘去天竺的時候，他們還是繼續存在著，但沒有人敢出來挑戰。因此玄奘才會被部派佛教那些聲聞僧推崇爲解脫天，因爲他們不能不服氣；然後大乘的學人就推崇玄奘爲第一義天，而其實這個推崇不過分，因爲玄奘如果要去擔任天王的話，那個層次很高的，不是低層次的天王，這個我們現在不談。（編案：但部派佛教六識論聲聞凡夫僧的邪論仍繼續在流通，所以被後人一代一代繼承下來，就是後來的應成派及自續派假中觀，即是現今的達賴與釋印順等人。）

由此證明所謂的佛學學術界，其實他們沒有學術界的本質，因爲學術界追求的是眞善美，他們要追求的是至善，就是追求正義；可是當我們把正義講出來以後，他們有接受嗎？沒有！他們還是用許多空泛的言詞在狡辯。所以印順派的那些徒眾，特別是比丘尼們，她們都放話說：「**正覺那個程度太差，我們不想跟他們辯論。**」問題來了：妳只證得六識，人家證得八個識，到底誰的程度比較差，不就不言自明了嗎！所以這就是空有之諍。而這個空有之諍，一直影響著佛教界，一直影響到末法時代的今天。所以有人如果要寫書破斥釋印順的思想，我絕對都支持，因爲我很想在這個年代就把部派佛教所有的邪知邪見全部滅除；而我寫作《成唯識論釋》的目的也在這裡。

那麼這樣諸位就知道說，佛陀的預記是完全如實而正確的。佛陀預記說：將來末法之世，破壞我佛教正法的不是外道，而是師子身中蟲！就像釋印順這一類，披著僧衣的人在破壞正法；於是又有了「密宗」披著（聲聞的）外道服，假冒是佛教，在破壞正法。而不幸的是，在正覺弘法之前，臺灣佛教界已經被滲透了大約百分之九十，除了淨土宗的那一些寺院以外，都跟著在修學密法，所以以前臺灣佛教界有所謂的「顯密雙修」，也有所謂的「禪淨密三修」，有沒有？諸位都聽過吧！都被滲透了。其實那些禪淨密三修等等道場，他們的道場法主他就是當國王，寺院中所有的比丘尼們就是他的明妃；白天是個寺院，看起來很清淨，晚上就亂七八糟了，這就是佛教的現況！

所以我們接著就來談我這一世的三大（復興佛教的）志業。講到這裡我就先提正覺寺。剛開始我們沒有禪三道場，去找了好多地方都不合意。那時候我有一個特權，就是只要我出門，雨一定停！我們剛開始是在中山北路六段的地下室，那離我住家不遠，但如果開車那裡不好停車，所以我就騎金旺90那個摩托車去，載著我同修。每一次吃飯的時候下大雨，我說：「下大雨，沒關係啦！等一下披了雨衣還是騎車，因爲開車不好停。」結果（第一次是披著雨衣淋雨去上課，後來）到出門的時候，雨停了，雨衣不用穿了，每一次都這樣（這特權直到買了九樓講堂才停止，因爲都是開車來上課）；後來去看禪三道場也是這樣，有些同修後來知道了，下雨天就說你們別擔心，明天一定晴天，果然就是晴天，就是可以去看地。看來看去，終於看到一個地方，就是現在的祖師堂那塊地。那時候長滿了蘆葦，我一看就說這塊地可行；但是他開價每坪一萬二，我當場出價六千，因爲它不值得那個價錢。看完了離開，我同修說：「我們一年才辦一次禪三，買這塊地，浪費吧！」我說：「妳怎麼知道是浪費？我們這個法，是了義的而且是究竟的法，是全球唯一的法，將來會變成什麼狀況妳現在都不知道，所以還是要買。」但是它價錢降不下來，所以就一直沒有談成。後來經過了大約半年，又有仲介說哪裡有一塊地怎麼樣……，我一聽就說應該就是那一塊地，結果去看果然就是那一塊地。但那時候我們需求比較迫切，所以授權給悟圓理事長去談，他很急切地要買，所以價錢沒殺下來，便宜沒多少錢，那就買了。

現在正覺寺這一塊地也是一樣，這塊地的由來還是要從祖師堂說起。因爲有祖師堂可以辦禪三，而我們禪三的梯次逐漸的增加，所以我們正法中實證了義法的同修們增加了，那就更有力量，我們就可以開始破斥密宗外道以及向社會廣作教育。由於這個緣故，所以引生了需要蓋正覺寺的這一個目標出來，因爲要接引世界各地同修過來；只要有人負擔得起差旅費、那些機票錢，他就可以來，不必說到了正覺寺要怎麼護持，不必！我們目的是要人、不是要錢。要在世界各地有更多實證的人存在，把正法的勢力鞏固地往下扎根，然後我下一世去大陸才能發揮作用，要不然又要孤身寡人一個人從頭開始，那就很辛苦了。這個就是正覺寺的由來。

諸位剛才看到銀幕上播放出來的，就是我們的工程進度；這一塊地也是經過兩次才買成，本來我們也看了很多其他的地方，也看中了一塊安坑的地，但是地主不賣，也沒辦法。後來看到這一塊地，我中意了，我出價的時候那仲介說：「**不能出價！**」必須照他開的價錢買。我說：「**那我不買了。**」就離開了。後來重新介紹過來說：「**可以出價。**」然後我們才買。買的過程也有波折，本來我們說好要買了，價錢也談好了，可是地主臨時說他要賣給臺北的一個共修團體，那個共修團體要去那邊蓋房子，他們的學員們要去那裡共住，要我們給他延緩半年。我說：**「延緩半年可以，但是半年後我出價不是這個價錢。」**所以半年後如我的判斷，他賣不出去，那我就省了三千萬，我就砍了三千萬，他也不得不賣。賣了以後才過一週，傳言說**「佛光山要買！」**我說我的預防措施是正確的——我交代行政部去簽約的時候，我說：**「你簽約的時候千萬不要付個一百萬、兩百萬的訂金，你至少得要付一千萬的訂金。」**所以他如果反悔的話要賠我一千萬，我給的訂金還要再還給我，對方添不了那個價錢，我們就這樣成交。

然後我們由於變更用途花費了很長的時間，但從慣例來看也算很快，因爲我們有個師兄很努力從中去斡旋，所以從鄉村住宅區變更爲宗教文化園區，那個時間花的比較多。後來我們就跟潤弘精密建設工程公司談好，就按著次第開工。開工後五大管線以及水土保持就花了不少錢，但是那些都要作。然後我們申請的時候，因爲原來的申請就是設計打排樁跟基樁；當時我們覺得這樣的工程還要作排樁，那多浪費錢，可是從現在看（因爲現在已經開始挖地下室了），那個排樁還是要作，所以排樁作了以後還作地錨，作地錨讓排樁在開挖以後不會倒下來。這些其實都要作，未來才能夠很安全地進行我們的法務。這是第一個部分，我這一世的第一個志願，應該說是第三個志願，完成就是兩年半後的事了。

那麼完成之後就是接納更多的世界各地同修可以來這裡共住，不用再像以前，有的人來這裡共修，臺北的飯店都住到漲價，有的人甚至於沒飯店可住，最後住到臺中去，要提早兩個半鐘頭出發來臺北，那以後來住那邊就沒有問題了。他們來這邊住、共修，不用花錢，我們要的是人，不是要錢；所以他們只要人過來，我們繼續培訓到最後可以證悟，回到世界各地向下扎根，我們要的是這樣，這是復興中華佛教的一個部分，應該說是第三個部分。

第一個部分就是講經、說法，然後整理成書籍流通。剛開始講經，我是順應時勢而講，我並沒有想要當法主，也沒有想要復興佛教。到了二〇〇三年法難的時候，我發覺佛教還是得要在我手上復興，不然我傳這個法也傳不了多久，因爲所有外面那些道場都不可靠，沒有一個道場是我們可以信任而付託於他們這個責任的人。所以我下定決心，就自己來承擔這個責任。

以前我們講經的時候，隨順因緣講的第一部就是《楞伽經》，那是人家要求的。第二部重要的經是《楞嚴經》，而《楞嚴經》沒有人要求，是因為有人（印順派）毀謗說《楞嚴經》是僞經。那我聽了好奇，因爲我往世以來的印象，這一部經不是僞經。所以我把經典請出來閱讀，不讀不打緊，這一讀說：「**啊！我一定要講這一部經！**」因爲這一部經太妙了！這一部經所講的，很多都在《成唯識論》裡面被援用；跟《般若經》講的完全一樣，跟《阿含經》講的完全一樣，也跟諸方廣、唯識經講的完全一樣啊！而且講得更勝妙啊！那我爲什麼要容許他們謗爲僞經，所以我才開始講這一部經。但那時候我們人數少，所以我講那一部經的時候，重點是放在幫助大家明心跟見性上面，種智的部分著墨少。後來整理成文字的時候，我說「**這要流傳到後世去，可是種智的部分著墨很少，這樣不好**」，所以我作了大幅度的修改、增補，成爲現在的《楞嚴經講記》。

然後就是二〇〇三年的法難，（從此時開始）我認爲我必須要承擔這個責任，來復興中華佛教。所以我就開始有計畫、選擇性的選擇經典來講，那麼論典的部分就是先講《根本論》（編案：《瑜伽師地論》），因爲這部論太重要，所以就講了《根本論》，然後經典我就選了《解深密經》。可是我觀察當時的環境，講《解深密經》的因緣沒有成熟，所以我就一直往後延，一年又一年往後延，然後到我們增上班有六百人的時候，我說因緣成熟了，應該講了，因爲大家聽我講經，也聽了二十幾年、將近三十年了，大家的正見都建立了，我認爲可以講，所以我才講了《解深密經》。

那麼《根本論》講完，我接著就是要講《成唯識論》，然後我準備注釋出來，那時候叫作《成唯識論略注》。但是因爲三年前那一批退轉的琅琊閣等人，那簡直就是不可理喻，因爲他們提出的問題，在二〇〇三年法難的時候，我們出的那些書都已經講得夠明白了，而他們繼續在質疑，而且還提出更多的、匪夷所思的質疑；因爲一般懂得唯識學的凡夫都不會有那種質疑，而他們都提出了。那沒關係，我們就把他當作是印順學派、部派佛教遺緒的最後掙扎，這一輪質疑以後，就沒有東西可以質疑了，因爲全部都質疑完了，他把佛法的每一個部分都提出來質疑，都依照學術界的所說、釋印順的所說提出來質疑，那我們親教師們回應以後，他都無法回應；就這樣不斷地一個一個、一個一個相續提出質疑，那個行爲就是潑糞，就是這裡給你潑、明天又給你潑、後天又給你潑，他潑一次你要洗三天！所以他潑三次，你要洗上九天，就是這樣作。那沒關係，我們親教師們智慧都很夠，所以 YouTube 上面掛出來，有智慧的人看了就懂。

也因爲他們這樣的緣故，所以我不得不把原來準備三冊完成的略注，改爲正式的《成唯識論釋》，這個書名是很正式的；這樣總共就是十輯，而且這十輯都是超過四百頁，而且那個字體還縮小、改爲十二級字，又把行距也縮小，每頁多容納個一兩行，就這樣，現在完成了。所以增上班就講《成唯識論釋》，有一些書上沒有的，我們在增上班講，因爲那個不能放在書上公開流通。這就是我講經說法的一個目的，也就是在復興中華佛教。

第二個重要的事情，就是《正覺藏》。因爲每一次翻閱《大正藏》的時候，都覺得很不舒服，因爲那些外道的東西，竟然都可以容納進來。那後來我想想，也沒有辦法，因爲《大正藏》是日本人作的，而日本人的佛教它主要就是東密；它眞正的正統佛教，以前曹洞宗在那邊，因爲密意洩漏而消滅以後，就沒有正統的佛教，剩下的都是東密，東密當然把密宗的那些所謂《大日經》、《金剛頂經》等等僞經放進來，也就是勢所必然。但是我覺得這個事情我們要對治，因爲 CBETA 電子佛典就跟著（《大正藏》）這樣作，把那些外道經典也都如數的放進電子佛典裡面；更可惡的是我們破密已經很多年以後，他們繼續把宗喀巴的那些外道論放進去。我們必須要正本清源，把結集的歷史說清楚，所以我們《阿含正義》裡面說：**經典的結集只有兩次，就是七葉窟內的五百結集，跟半年後七葉窟外的千人大結集，以外都不是經典結集**。他們所謂的第二次經典結集，那叫作「十事非法」的律典的爭議，跟經典無關。而以後的結集也跟經典結集無關，只是把一些人寫的論著，以及他們認為是佛世講的所謂經典再把它放進去，其實也不是經典的結集。所以經典的結集，真正的只有兩次，那我們必須要正本清源，把這個事情弄清楚。

所以我們必須要去建立一個電子版的《正覺藏》，可以掛在官網，讓所有人將來知道以後，都可以點進來使用，而且那個（系統）容量，我們必須要放得很大，讓同時一百個人進來、兩百個人進來點閱，也不會有問題，要這樣作。那我們《正覺藏》將來就是會把那些密教的偽經之所以成為偽經的理由，把它說清楚。這幾年來，游老師在這個部分，作得非常好，把《大日經》……等作了評論，那我們將來都會放進《正覺藏》裡面去。然後把我們所有的書也都放進《正覺藏》裡面，這樣讓佛教界終於可以知道，原來密宗是外道，從裡到外都不是佛教。

十幾年來，達賴一直想要再來臺灣，因爲他來臺灣就有很多錢可以收。他上次來的時候，臺灣的中國佛教協會，好像給他一千五百萬（還是多少？我都忘了喔！），然後政府也補貼他，因爲政治目的，跟他結合在一起。可是十幾年來，達賴想要再來，政府沒同意。因爲政府一定要先徵求佛教會的意見，徵求的結果，中國佛教會說：「**達賴喇嘛不是佛教，他是外道。**」政府問：「**你有什麼理由這樣講？**」結果把四本書拿出來——《狂密與眞密》，說：「**這裡面把他從『教、理、行、果』每一個層面都破斥了，而他們無法回應，顯示他們正是外道。**」所以達賴再也來不成了，他來不成，沒有錢可以收，他在達蘭薩拉的運作，規模當然要縮小。漸漸的，密宗它終歸要消滅（回歸本來面目的「喇嘛教」本質）。

那我們把這三件事都完成，中華佛教復興的大業就可以期待了。因爲目前佛教復興的大業，在臺灣是成功的，已經成功了，剩下只是後面的部分，我們要把它圓滿罷了。但是我們作的時候要很低調，不斷地再把正法的勢力，在世界各地向下扎根；只要根在，那個根柢跟樹幹粗不粗無所謂。只要根在，根一直擴充，將來因緣成熟的時候，可以很快地復興起來，這樣就可以了。

這就是我跟大家報告的內容。這個題目叫作「空有之諍與佛教的復興」，因爲如果眞正的空宗——瑜伽行派、八識論的正法，可以廣爲弘揚，那個眞正的有宗、表相的空宗——也就是部派佛教的那些邪見，它就可以漸漸的被消滅。這就是復興佛教的很重要的一個「意涵」！也就是說，其實復興佛教就是要消滅部派佛教，這樣講就比較白。所以如果能夠把部派佛教那些邪見全部消滅，佛教就必然復興。但是可以復興多久，就看諸位的努力。

那最後我就是要感謝諸位的護持，如果不是諸位很努力在道業上精進，以及身力、心力的護持、錢財的護持，正覺不可能有今天在臺灣如實復興佛教的成績。所以，最後我要感謝大家的護持，謝謝大家！阿彌陀佛！

二〇二四年三月十日　於臺北正覺講堂

附錄：

嚴正抗議 CBETA 收錄外道典籍於電子佛典中

——宗喀巴等六識論者的著作不是佛典

自東漢末年佛法傳之中土以來，佛教的經、律、論三藏即爲歷代明君及佛弟子所崇仰恭奉如佛無異；而歷朝歷代對於佛典的翻譯或是大藏經的編修、抄寫、刻印等事業，更爲朝廷及佛教界的極大盛事！近二千年來，虔誠的佛弟子無不將大藏經奉爲度脫生死之船筏，更是修證菩提道果之圭臬，乃一心不二之所託。

自一九九八年以來，中華電子佛典協會（CBETA）致力於將大藏經電子化，論其在佛法大藏的推廣上嘉惠了廣大佛弟子，實有無量功德亦值得世人稱歎！雖然

CBETA 也收錄了日本大藏經（《大正藏》）、卍續藏等原編修者因不具擇法眼而收入之密宗喇嘛教所創造的僞經、僞論，而將之一併電子化，實爲美玉中之瑕穢，然彼乃循前人之足跡，雖不無缺失卻也難以苛責，且此誤導眾生之大過主在前人。然而，在二〇一六年新版《中華電子佛典》的《大藏經補編》中，卻蹈前人之過失而變本加厲，竟收錄了宗喀巴等密教四大派諸師等的外道典籍，此舉則不僅將其近二十年來電子化大藏經之功德磨滅殆盡，甚且成就了無量過失，實在令人憐憫又深感遺憾。

《大藏經補編》是藍吉富先生主編之套書，出版於一九八四—一九八六年；藍先生於出版說明中列舉出其收書原則，其中之一乃在於「重視其書的學術研究價值」[8]，他在〈內容簡介〉第九冊中言：【我國譯經史上所傳譯的經典，大多屬於印度大乘中期以前的佛典。至於**大乘後期**的佛書，則爲數甚少。印度大乘後期的佛教發展，有兩大潮流，其一爲思辨系統，此即包含認識論與論理學的因明學，其二即密教，尤其是晚期的金剛乘與時輪乘。這兩大潮流的典籍，在中國佛典傳譯史上的份量頗爲

8 http://www.cbeta.org/cbreader/help/other/B/0-1-Imprint.html

不足。這是我國佛教史上的一項缺憾。】[9]第十冊中則言：【本冊所收諸書，都是**晚近新譯**的西藏系佛典。西藏佛教承繼印度大乘及密教的主要義學及修法，加上其本土文化的制約及西藏大德之**創新**，乃形成一種爲世人稱爲「**喇嘛教**」的獨特佛教型態。這種極具特色的佛教，從十九世紀以來，逐漸被歐美人士所重視，直到今天，已經成爲國際佛教研究圈內的一大顯學。】（頁六十五）

藍先生上述的說法，顯然他是認同喇嘛教爲佛教，所以才會在《大藏經補編》中大量收錄密宗喇嘛教的諸多論著，而其中宗喀巴的著作就有十三部之多，包括《入中論善顯密意疏》、《菩提道次第廣論》、《密宗道次第廣論》、《菩薩戒品釋》、《辨了不了義善說藏論》等等。然而，所謂的「密宗道」是傳承自印度性力派外道的男女雙身修法，正如太虛法師在爲《密宗道次第（廣）論》所作的序文中指出：【密續之分作、行、瑜伽、無上四層，殆爲紅衣士以來所共許之說。無上部之特異瑜伽部者，在雙身之特殊修法，**亦爲紅黃之所共承。……而同取雙身和合爲最上密**，乃承印度末期所傳。】

9 藍吉富主編，《大藏經補編總目索引》〈內容簡介〉，華宇出版社，一九八六年十月初版，頁63。

[10]藍先生於此必然有所了知；而藍先生在主編《大藏經補編》時，也已知道藏密四大教派皆是承繼印度密教，並混雜了西藏本土文化乃至喇嘛們「**創新**」的自創「**佛法**」所成；即使藍先生當時或許並不知道這以雙身法爲行門的「**喇嘛教**」實乃附佛外道，並不是眞正的佛教，然而當藍先生及電子佛典協會諸位大德，在二〇一五年進行《大藏經補編》電子化時，平實導師已經帶領正覺同修會破斥密宗喇嘛教近二十年，並且出版了《狂密與眞密》四輯來詳加解析辨正喇嘛教種種不如理的法義與行門，不僅證明了喇嘛教根本不是佛教，而且已經明白指出：雙俱斷常二見的宗喀巴等人破法最爲嚴重；此外也公開講解《楞嚴經》，並且出版了《楞嚴經講記》十五巨冊，不但闡釋《楞嚴經》中的深妙義理，更清楚地顯示藏密喇嘛教徒眾如宗喀巴之流，正是 佛於經中所斥責的：【阿難當知：是十種魔於末世時，在我法中出家修道；或附人體、或自現形，皆言已成正遍知覺，讚歎婬欲、破佛律儀。**先惡魔師與魔弟子婬婬相傳**；如是邪精，魅其心腑；近則九生，多踰百世；令眞修行總爲魔眷，命終之後必爲魔民，失正遍知，墮無間獄。汝今未須先取寂滅，縱得無學，留願入

[10] http://tripitaka.cbeta.org/ko/B10n0057_001

彼末法之中，起大慈悲，救度正心深信眾生，令不著魔，得正知見。我今度汝已出生死，汝遵佛語，名報佛恩。】[11]皆是婬婬相傳的「**惡魔師、魔弟子以及魔眷屬**」，CBETA的主事者卻還視若無睹地將宗喀巴等密教諸師的邪說謬論收錄為「佛教大藏經」的一部分，顯然是認同「**婬婬相傳**」之喇嘛教為佛教，足見彼等對於佛法內涵並不如實知見，如是正訛不辨非但害己更將貽害後世無窮，不得不讓正信的佛弟子深感憂心。

清朝皇室崇奉喇嘛教，促使喇嘛教入篡正統佛教，密教典籍遂被不具慧眼的藏經編修者收入大藏經中，其流毒影響至今仍在，即使大善知識已據教證、理證詳細說明喇嘛教教義的種種錯謬，CBETA電子佛典協會諸君卻仍墮於邪見深坑中，眞是令人悲嘆不已。可見，邪見流毒的影響既深且遠，如釋印順早年便是閱讀了法尊所譯之宗喀巴的《菩提道次第廣論》等著作，因而信受應成派中觀的六識論邪見，而否定了 佛陀所說眞心第八識如來藏的存在，妄執細意識常住，所以無法斷除我見，致使他「**遊心法海**」八十年，乃至著作等身，終究是連聲聞初果都取證不得，只淪

11《大正藏》冊十九，頁151，中1-9。

爲戲論一生的「**學問僧**」，乃至更成爲破佛正法的**師子身中蟲**，貽害了許多佛弟子因閱讀其著作而信受應成派中觀之六識論，如是邪見漣漪般地擴散，誤導了極多眾生。此諸殷鑑猶在，餘毒未清，而二〇一六年版的《中華電子佛典》卻更收錄宗喀巴等喇嘛教邪師之著作於《補編》中，此舉恐將更爲擴大喇嘛教的影響層面，實有無量無邊之過失。

CBETA 將這些密教典籍當作佛典收錄，實有謗佛、謗法之過，初學佛而未具正知見的佛弟子，更會誤以爲這些密教典籍也是佛教經論，信受其中所說之內容而種下邪見種子，誤入歧途而不自知，如是危害廣大佛弟子的法身慧命，其害可謂深遠而慘重；而電子佛典協會諸大德以初善之願心，在成就一分護法功德之時，卻同時造下謗佛、謗法及誤導眾生之極大惡業，豈不冤哉？雖然 CBETA 秉持：「**收集所有的漢文佛典，以建立電子佛典集成。研發佛典電子化技術，提昇佛典交流與應用。利用電子媒體之特性，以利佛典保存與流通。期望讓任何想要閱藏的人都有機會如願以償。**」[12]爲宗旨，立意可謂純善，然而正因爲宗喀巴等人的著作並非佛典，復

12 http://www.cbeta.org/intro/index.php

因「**電子媒體之特性**」，資訊取得容易、傳播迅速、影響深廣，因此，不論所成就的是功德或是罪業，也都會是不可思議的倍增廣大，執事者更當戰戰兢兢、如履薄冰才是。

佛菩薩之聖教能夠流傳到現代，是許多先聖先賢勞心勞力的偉大成果，包括歷代諸多的佛經翻譯大家，例如 玄奘菩薩以眞實義菩薩的身分，依於如實親證的深利智慧，精勤不倦地主持佛經譯場，才能正確無誤地翻譯出許多勝妙的經典。歷來更有無數人致力於佛典的保存及流通，譬如隋唐所輯之大藏經，因印刷技術尚未發明，乃是以毛筆手書，一筆一畫繕寫而成，收藏於各大寺院；及至宋代印刷術興，則使匠人先以雕刀一筆一畫刻製成版，方便印刷收藏。自此編修藏經沿爲歷朝大事，代代重新編修刻印；甚至爲避免佛經之木雕版易毀於天災人禍，乃至有石刻佛經，從隋唐至明末歷經數個朝代，無數人前仆後繼刻成數千石版，封藏於多處石窟。凡此種種，莫非戮力於 佛陀法教之弘傳、護持與紹隆，期爲後世佛弟子修證解脫與成佛之道留下續法明燈。以是，佛教大藏經的編修，實應以「**紹佛法脈、度脫眾生**」的高度來敬慎從事，而所編入大藏之典籍，都必須要是佛教的典籍，方能作爲佛弟子實際修證出世間、世出世間解脫之指導與證驗之依憑。反觀宗喀巴等凡夫的著作都墮入識陰乃至色陰境界中，直接否定 佛的八識正法，又弘揚外道的性交追求淫樂的下墮法，莫說其是否佛典，追究其始其末皆非佛法而否定佛法者，不應編入佛教典籍中視同佛典或佛法。

佛法是實證的義學，只作學術研究而不事眞修實證，絕對得不到佛法的智慧與功德受用！因此，編修大藏經不能只管收集典籍文字而已，最重要的是要揀擇典籍之眞僞，乃至所用字辭的對錯，方是修藏所應秉持之原則，不應不辨正訛而將外道典籍也一體收編，致使大藏經喪失其「**實證佛教**」之依憑宗範，淪爲「**學術研究**」之圖書集成，甚至反成助長邪見之幫凶，實非吾人之所忍見！否則，不反對佛法的一神教聖經，比之於喇嘛教否定佛法的書籍更有資格可以收入，又怎能說是佛典的集成？

平實導師大悲心切，不忍眾生苦、不忍聖教衰，因而矗正法幢、擊大法鼓，二十多年來帶領正覺同修會破邪顯正，依於教證及理證，從各種不同面向來闡釋及證明喇嘛教六識論的種種錯謬及過失，目的正是爲了要救護眾生免於受外道六識論邪見之誤導及喇嘛教之侵害，而今卻見《中華電子佛典》更新增諸多的密教謬論來戕害眾生的法身慧命，悲嘆之餘亦不能置身事外，因而叮囑應針對此事提醒大眾：《中華電子佛典》所收錄宗喀巴等密教邪師之論著不是佛典，切莫受其誤導。亦期盼電子佛典協會諸大德，能將宗喀巴的邪謬著作從《中華電子佛典》中擯除；若是因為學術研究者之需求，方便作為研究佛法與外道法之比對，亦當另立標題如「喇嘛教典籍、坦特羅密教典籍、宗喀巴著作集、印順法師著作集」等，切不可魚目混珠地參雜外道邪說於眞正佛教典籍中，莫要斷害自他今時後世的法身慧命。由是因緣以此公告俾眾周知，期盼一切學佛人都能具備擇法眼，使正法得以久住而廣利人天，是則眾生幸甚。

佛教正覺同修會〈修學佛道次第表〉

第一階段

＊以憶佛及拜佛方式修習動中定力。
＊學第一義佛法及禪法知見。
＊無相拜佛功夫成就。
＊具備一念相續功夫—動靜中皆能看話頭。
＊努力培植福德資糧，勤修三福淨業。

第二階段

＊參話頭，參公案。
＊開悟明心，一片悟境。
＊鍛鍊功夫求見佛性。
＊眼見佛性〈餘五根亦如是〉親見世界如幻，成就如幻觀。
＊學習禪門差別智。
＊深入第一義經典。
＊修除性障及隨分修學禪定。
＊修證十行位陽焰觀。

第三階段

＊學一切種智真實正理—楞伽經、解深密經、成唯識論…。
＊參究末後句。
＊解悟末後句。
＊透牢關—親自體驗所悟末後句境界，親見實相，無得無失。
＊救護一切衆生迴向正道。護持了義正法，修證十迴向位如夢觀。
＊發十無盡願，修習百法明門，親證猶如鏡像現觀。
＊修除五蓋，發起禪定。持一切善法戒。親證猶如光影現觀。
＊進修四禪八定、四無量心、五神通。進修大乘種智，求證猶如谷響現觀。

佛菩提二主要道次第概要表——二道並修，以外無別佛法

佛菩提道——大菩提道

遠波羅蜜多

資糧位

十信位修集信心——一劫乃至一萬劫

初住位修集布施功德（以財施為主）。

二住位修集持戒功德。

三住位修集忍辱功德。

四住位修集精進功德。

五住位修集禪定功德。

六住位修集般若功德（熏習般若中觀及斷我見，加行位也）。

外門廣修六度萬行

七住位明心般若正觀現前，親證本來自性清淨涅槃。

八住位起於一切法現觀般若中道。漸除性障。

十住位眼見佛性，世界如幻觀成就。

一至十行位，於廣行六度萬行中，依般若中道慧，現觀陰處界猶如陽焰，至第十行滿心位，陽焰觀成就。

一至十迴向位熏習一切種智；修除性障，唯留最後一分思惑不斷。第十迴向滿心位成就菩薩道如夢觀。

內門廣修六度萬行

見道位

初地：第十迴向位滿心時，成就道種智一分（八識心王一一親證後，領受五法、三自性、七種第一義、七種性自性、二種無我法）復由勇發十無盡願，成通達位菩薩。復又永伏性障而不具斷，能證慧解脫而不取證，由大願故留惑潤生。此地主修法施波羅蜜多及百法明門。證「猶如鏡像」現觀，故滿初地心。

二地：初地功德滿足以後，再成就道種智一分而入二地；主修戒波羅蜜多及一切種智。滿心位成就「猶如光影」現觀，戒行自然清淨。

解脫道：二乘菩提

→ 斷三縛結，成初果解脫

→ 薄貪瞋癡，成二果解脫

→ 斷五下分結，成三果解脫

入地前的四加行令煩惱障現行悉斷，成四果解脫，留惑潤生。分段生死已斷，煩惱障習氣種子開始斷除，兼斷無始無明上煩惱。

近波羅蜜多　　大波羅蜜多　　圓滿波羅蜜多

修道位　　究竟位

三地：二地滿心再證道種智一分，故入三地。此地主修忍波羅蜜多及四禪八定、四無量心、五神通。能成就俱解脫果而不取證，留惑潤生。滿心位成就「猶如谷響」現觀及無漏妙定意生身。

四地：由三地再證道種智一分故入四地。主修精進波羅蜜多，於此土及他方世界廣度有緣，無有疲倦。進修一切種智，滿心位成就「如水中月」現觀。

五地：由四地再證道種智一分故入五地。主修禪定波羅蜜多及一切種智，斷除下乘涅槃貪。滿心位成就「變化所成」現觀。

六地：由五地再證道種智一分故入六地。此地主修般若波羅蜜多——依道種智現觀十二因緣一一有支及意生身化身，皆自心眞如變化所現，「非有似有」，成就細相觀，不由加行而自然證得滅盡定，成俱解脫大乘無學。

七地：由六地「非有似有」現觀，再證道種智一分故入七地。此地主修一切種智及方便波羅蜜多，由重觀十二有支一一支中之流轉門及還滅門一切細相，成就方便善巧，念念隨入滅盡定。滿心位證得「如犍闥婆城」現觀。

八地：由七地極細相觀成就故再證道種智一分而入八地。此地主修一切種智及願波羅蜜多。至滿心位純無相觀任運恆起，故於相土自在，滿心位復證「如實覺知諸法相意生身」故。

九地：由八地再證道種智一分故入九地。主修力波羅蜜多及一切種智，成就四無礙，滿心位證得「種類俱生無行作意生身」。

十地：由九地再證道種智一分故入此地。此地主修一切種智——智波羅蜜多。滿心位起大法智雲，及現起大法智雲所含藏種種功德，成受職菩薩。

等覺：由十地道種智成就故入此地。此地應修一切種智，圓滿等覺地無生法忍；於百劫中修集極廣大福德，以之圓滿三十二大人相及無量隨形好。

妙覺：示現受生人間已斷盡煩惱障一切習氣種子，並斷盡所知障一切隨眠，永斷變易生死無明，成就大般涅槃，四智圓明。人間捨壽後，報身常住色究竟天利樂十方地上菩薩；以諸化身利樂有情，永無盡期，成就究竟佛道。

圓滿成就究竟佛果

七地滿心斷除故意保留之最後一分思惑時，煩惱障所攝色、受、想三陰有漏習氣種子全部斷盡。←

煩惱障所攝行、識二陰無漏習氣種子任運漸斷，所知障所攝上煩惱任運漸斷。←

斷盡變易生死成就大般涅槃

佛子蕭平實　謹製
（二〇〇九、〇二　修訂）
（二〇一二、〇二　增補）

佛教正覺同修會 共修現況 及 招生公告　2024/3/28

一、共修現況：（請在共修時間來電，以免無人接聽。）

台北正覺講堂 103 台北市承德路三段 277 號九樓 捷運淡水線圓山站旁 Tel..**總機** 02-25957295（晚上）（**分機：九樓**辦公室 10、11；知客櫃檯 12、13。 **十樓**知客櫃檯 15、16；書局櫃檯 14。 **五樓**辦公室 18；知客櫃檯 19。**二樓**辦公室 20；知客櫃檯 21。） Fax..25954493

第一講堂　台北市承德路三段 277 號九樓

禪淨班：週一晚班、週三晚班、週四晚班、週五晚班、週六下午班（共修期間二年半，全程免費。皆須報名建立學籍後始可參加共修，欲報名者詳見本公告末頁。）

增上班：成唯識論釋：單週六晚班。雙週六晚班（重播班）。17.50～20.50。平實導師講解，2022 年 2 月末開講，預定六年內講完，僅限已明心之會員參加。

禪門差別智：每月第一週日全天　平實導師主講（事冗暫停）。

菩薩瓔珞本業經　本經說明菩薩道六度、十度波羅蜜多之修行，要先修十信位，於因位中熏習百法明門，再轉入初住位起修六種瓔珞，總共四十二位，即是十住位、十行位、十迴向位、十地位、等覺位、妙覺位，方得成就六種瓔珞成爲一生補處，然後成就佛道，名爲習種性、性種性、道種性、聖種性、等覺性、妙覺性；連同習種性前的十信位，共爲五十二階位實修完畢，方得成佛。於本經中亦說明大乘初見道的證眞如、發起般若現觀時，若有佛菩薩護持故，即得進第七住位常住不退，然後向上進發，速修佛菩提道。如是實修佛菩提道方是義學，而非學術界所說的相似佛法等玄學，皆是可修可證之法，全都屬於現法樂證樂住並且是現觀的佛法，顯示佛法眞是義學而非玄談或思想。本經已於 2024 年一月上旬起開講，由平實導師詳解。每逢週二晚上開講，第一至第七講堂都可同時聽聞，歡迎菩薩種性學人，攜眷共同參與此殊勝法會現場聞法，不限制聽講資格。本會學員憑上課證進入第一至第四、第七講堂聽講，會外學人請以身分證件換證進入聽講（此爲大樓管理處安全管理規定之要求，敬請諒解）；第五及第六講堂（B1、B2）對外開放，不需出示任何證件，請由大樓側門直接進入。

第二講堂　台北市承德路三段 267 號十樓。

禪淨班：週一晚班。

進階班：週三晚班、週四晚班、週五晚班、週六早班、週六下午班。禪淨班結業後轉入共修。

增上班：成唯識論釋：單週六晚班，影音同步傳播。雙週六晚班（重播班）

菩薩瓔珞本業經：平實導師講解。每週二 18.50~20.50 影像音聲即時傳輸。

第三講堂　台北市承德路三段 277 號五樓。

增上班：成唯識論釋：單週六晚班，影音同步傳播。雙週六晚班（重播班）

進階班：週一晚班、週三晚班、週四晚班、週五晚班、週六下午班。

菩薩瓔珞本業經：平實導師講解。每週二 18.50~20.50 影像音聲即時傳輸。

第四講堂　台北市承德路三段 267 號二樓。

進階班：週一晚班、週三晚班、週四晚班（禪淨班結業後轉入共修）。

菩薩瓔珞本業經：平實導師講解。每週二 18.50~20.50 影像音聲即時傳輸。

第五、第六講堂　台北市承德路三段 267 號地下一樓、地下二樓

進階班：週一晚班、週三晚班、週四晚班。

菩薩瓔珞本業經：平實導師講解。每週二 18.50~20.50 影像音聲即時傳輸。第五、第六講堂爲**開放式講堂**，不需以身分證件換證即可進入聽講，台北市承德路三段 267 號地下一樓、地下二樓。每逢週二晚上講經時段開放給會外人士自由聽經，請由大樓側面梯階逕行進入聽講。**聽講者請尊重講者的著作權及肖像權，請勿錄音錄影，以免違法；若有錄音錄影被查獲者，將依法處理。**

第七講堂　台北市承德路三段 267 號六樓。

菩薩瓔珞本業經：平實導師講解。每週二 18.50~20.50 影像音聲即時傳輸。

正覺祖師堂　大溪區美華里信義路 650 巷坑底 5 之 6 號（台 3 號省道 34 公里處 妙法寺對面斜坡道進入）電話 03-3886110　傳眞 03-3881692 本堂供奉 克勤圓悟大師，專供會員每年四月、十月各兩次精進禪三共修，兼作本會出家菩薩掛單常住之用。開放參訪日期請參見本會公告。教內共修團體或道場，得另申請其餘時間作團體參訪，務請事先與常住確定日期，以便安排常住菩薩接引導覽，亦免妨礙常住菩薩之日常作息及修行。

桃園正覺講堂（第一、第二講堂）：桃園市介壽路 286、288 號 10 樓（陽明運動公園對面）電話：03-3749363（請於共修時聯繫，或與台北聯繫）

禪淨班：週一晚班（1）、週一晚班（2）、週三晚班、週四晚班、週五晚班。

進階班：週三晚班、週四晚班、週五晚班、週六上午班。

增上班：成唯識論釋。雙週六晚班（增上重播班）。

菩薩瓔珞本業經：平實導師講解。每週二晚上，以台北正覺講堂所錄 DVD 放映；歡迎會外學人共同聽講，不需出示身分證件。

新竹正覺講堂　新竹市東光路 55 號二樓之一　電話 03-5724297（晚上）

第一講堂：

禪淨班：週五晚班。

進階班：週三晚班、週四晚班、週六上午班。由禪淨班結業後轉入共修

增上班：成唯識論釋。單週六晚班。雙週六晚班（重播班）。

菩薩瓔珞本業經：平實導師講解。每週二晚上，以台北正覺講堂所錄 DVD 放映。歡迎會外學人共同聽講，不需出示身分證件。

第二講堂：

禪淨班：週一晚班、週三晚班、週四晚班、週六上午班。

菩薩瓔珞本業經：每週二晚上與第一講堂同步播放講經 DVD。

第三、第四講堂：裝修完畢，已經啓用。

台中正覺講堂　04-23816090（晚上）

第一講堂　台中市南屯區五權西路二段 666 號 13 樓之四（國泰世華銀行樓上。鄰近縣市經第一高速公路前來者，由五權西路交流道可以快速到達，大樓旁有停車場，對面有素食館）。

禪淨班：週四晚班、週五晚班。

進階班：週一晚班、週三晚班、週六上午班（由禪淨班結業後轉入共修）。

增上班：成唯識論釋。單週六晚班。雙週六晚班（重播班）。

菩薩瓔珞本業經：平實導師講解。每週二晚上，以台北正覺講堂所錄 DVD 放映。歡迎會外學人共同聽講，不需出示身分證件。

第二講堂　台中市南屯區五權西路二段 666 號 4 樓

禪淨班：週一晚班、週三晚班。

第三講堂台中市南屯區五權西路二段 666 號 4 樓

禪淨班：週一晚班。

第四講堂台中市南屯區五權西路二段 666 號 4 樓。

進階班：週三晚班、週四晚班、週五晚班、週六上午班，由禪淨班結業後轉入共修

菩薩瓔珞本業經：每週二晚上與第一講堂同步播放講經 DVD。

嘉義正覺講堂　嘉義市友愛路 288 號八樓之一　電話：05-2318228

第一講堂：

禪淨班：週四晚班、週五晚班、週六上午班。

進階班：週一晚班、週三晚班（由禪淨班結業後轉入共修）。

增上班：成唯識論釋。單週六晚班。雙週六晚班（重播班）。

菩薩瓔珞本業經：平實導師講解。每週二晚上，以台北正覺講堂所錄 DVD 放映。歡迎會外學人共同聽講，不需出示身分證件。

第二講堂　嘉義市友愛路 288 號八樓之二。

第三講堂　嘉義市友愛路 288 號四樓之七。

禪淨班：週一晚班、週三晚班。

台南正覺講堂

第一講堂　台南市西門路四段 15 號 4 樓。06-2820541（晚上）

禪淨班：週一晚班、週四晚班、週五晚班、週六下午班。

增上班：成唯識論釋。單週六晚班。雙週六晚班（重播班）。

菩薩瓔珞本業經：平實導師講解。每週二晚上，以台北正覺講堂所錄 DVD 放映。歡迎會外學人共同聽講，不需出示身分證件。

第二講堂　台南市西門路四段 15 號 3 樓。

菩薩瓔珞本業經：每週二晚上與第一講堂同步播放講經 DVD。

第三講堂　台南市西門路四段 15 號 3 樓。

進階班：週一晚班、週三晚班、週四晚班、週五晚班（由禪淨班結業後轉入共修）。

菩薩瓔珞本業經：每週二晚上與第一講堂同步播放講經 DVD。

高雄正覺講堂　高雄市新興區中正三路 45 號五樓 07-2234248（晚上）

第一講堂（五樓）：

禪淨班：週一晚班、週三晚班、週四晚班、週五晚班、週六上午班。

進階班：週六下午班（由禪淨班結業後轉入共修）。

增上班：**成唯識論釋**。單週六晚班。雙週六晚班（重播班）。

菩薩瓔珞本業經：平實導師講解。每週二晚上，以台北正覺講堂所錄 DVD 放映。歡迎會外學人共同聽講，不需出示身分證件。

第二講堂（四樓）：

進階班：週三晚班、週四晚班（由禪淨班結業後轉入共修）。

菩薩瓔珞本業經：每週二晚上與第一講堂同步播放講經 DVD。

第三講堂（三樓）：

進階班：週四晚班（由禪淨班結業後轉入共修）。

香港正覺講堂

香港新界葵涌打磚坪街 93 號維京科技商業中心A 座 18 樓。

電話：(852) 23262231

英文地址：18/F, Tower A, Viking Technology & Business Centre, 93 Ta Chuen Ping Street, Kwai Chung, N.T., Hong Kong.

禪淨班：單週六下午班、雙週六下午班、單週日上午班、單週日下午班、雙週日上午班

進階班：雙週六、日上午班（由禪淨班結業後轉入共修）。

增上班：每月第一雙週日下午及晚上班，以台北增上班課程錄成 DVD 放映之。

增上重播班：每月第二雙週日下午及晚上班，以台北增上班課程錄成 DVD 放映之。

不退轉法輪經詳解：平實導師講解。每週六、日 19:00～21:00，以台北正覺講堂所錄 DVD 放映；歡迎會外學人共同聽講，不需出示身分證件。

二、招生公告 本會台北講堂及全省各講堂、香港講堂，每逢四月、十月下旬開新班，每週共修一次（每次二小時。開課日起三個月內仍可插班）；各班共修期間皆爲二年半，全程免費，欲參加者請向本會函索報名表（各共修處皆於共修時間方有人執事，非共修時間請勿電詢或前來洽詢、請書），或直接從本會官方網站(http://www.enlighten.org.tw/newsflash/class)或成佛之道網站下載報名表。共修期滿時，若經報名禪三審核通過者，可參加四天三夜之禪三精進共修，有機會明心、取證如來藏，發起般若實相智慧，成爲實義菩薩，脫離凡夫菩薩位。

三、新春禮佛祈福 農曆年假期間停止共修：自農曆新年前七天起停止共修與弘法，正月 8 日起回復共修、弘法事務。新春期間正月初一～初七 9.00～17.00 開放台北講堂、正月初一~初三開放新竹、台中、嘉義、台南、高雄講堂，以及大溪禪三道場（正覺祖師堂），方便會員供佛、祈福及會外人士請書。

密宗四大派修雙身法，是外道性力派的邪法；又以生滅的識陰作為常住法，是常見外道，是假的藏傳佛教。

西藏覺囊巴以他空見弘揚第八識如來藏勝法，才是真藏傳佛教

佛教正覺同修會　弘法行事表

2024/1/02

1、**禪淨班**　以無相念佛及拜佛方式修習動中定力，實證一心不亂功夫。傳授解脫道正理及第一義諦佛法，以及參禪知見。共修期間：二年六個月。每逢四月、十月開新班，詳見招生公告表。

2、**進階班**　禪淨班畢業後得轉入此班，進修更深入的佛法，期能證悟明心。各地講堂各有多班，繼續深入佛法、增長定力，悟後得轉入增上班修學道種智，期能證得無生法忍。

3、**增上班 成唯識論釋**　詳解八識心王的唯識性、唯識相、唯識位，分說八識心王及其心所各別的自性、所依、所緣、相應心所、行相、功用等，並闡述緣生諸法的四緣：因緣、等無間緣、所緣緣、增上緣等四緣，並論及十因五果等。論中闡釋**佛法實證及成就的根本法即是第八識，由第八識成就三界世間及出世間的一切染淨諸法，方有成佛之道可修、可證、可成就，名爲圓成實性**。然後詳解末法時代學人極易混淆的見道位所函蓋的眞見道、相見道、通達位等內容，指正末法時代高慢心一類學人，於見道位前後不斷所墮的同一邪謬處。末後開示修道位的十地之中，各地所應斷的二愚及所應證的一智，乃至佛位的四智圓明及具足四種涅槃等一切種智之眞實正理。由平實導師講述，每逢一、三、五週之週末晚上開示，每逢二、四週之週末爲重播班，供作後悟之菩薩補聞所未聽聞之法。增上班課程僅限已明心之會員參加。未來每逢講完十分之一內容時，便予出書流通；總共十輯，敬請期待。（註：《瑜伽師地論》從 2003 年二月開講，至 2022 年 2 月 19 日已經圓滿，爲期 18 年整。）

4、**菩薩瓔珞本業經**　本經說明菩薩道六度、十度波羅蜜多之修行，要先修十信位，於因位中熏習百法明門，再轉入初住位起修六種瓔珞，總共四十二位，即是十住位、十行位、十迴向位、十地位、等覺位、妙覺位，方得成就六種瓔珞成爲一生補處，然後成就佛道，名爲習種性、性種性、道種性、聖種性、等覺性、妙覺性；連同習種性前的十信位，共爲五十二階位實修完畢，方得成佛。於本經中亦說明大乘初見道的證眞如、發起般若現觀時，若有佛菩薩護持故，即得進第七住位常住不退，然後向上進發，速修佛菩提道。如是實修佛菩提道方是義學，而非學術界所說的相似佛法等玄學，皆是可修可證之法，全都屬於現法樂證樂住並且是現觀的佛法，顯示佛法眞是義學而非玄談或思想。本經已於 2024 年一月上旬起開講，由平實導師詳解。不限制聽講資格。

5、**精進禪三**　主三和尚：平實導師。於四天三夜中，以克勤圓悟大師及大慧宗杲之禪風，施設機鋒與小參、公案密意之開示，幫助會員剋期取證，親證不生不滅之眞實心——人人本有之如來藏。每年四月、十月各舉辦三個梯次；平實導師主持。僅限本會會員參加禪淨班共修期滿，報名審核通過者，方可參加。並選擇會中定力、慧力、福德三條件皆已具足之已明心會員，給以指引，令得眼見自己無形無相之佛性遍佈山河大地，眞實而無障礙，得以肉眼現觀世界身心悉皆如幻，具足成就如幻觀，圓滿十住菩薩之證境。

6、**阿含經**詳解　選擇重要之阿含部經典，依無餘涅槃之實際而加以詳解，令大眾得以現觀諸法緣起性空，亦復不墮斷滅見中，顯示經中所隱說之涅槃實際—如來藏—確實已於四阿含中隱說；令大眾得以聞後觀行，確實斷除我見乃至我執，證得**見到**眞現觀，乃至**身證**……等眞現觀；已得大乘或二乘見道者，亦可由此聞熏及聞後之觀行，除斷我所之貪著，成就慧解脫果。由平實導師詳解。不限制聽講資格。

7、**精選如來藏系經典**詳解　精選如來藏系經典一部，詳細解說，以此完全印證會員所悟如來藏之眞實，得入不退轉住。另行擇期詳細解說之，由平實導師講解。僅限已明心之會員參加。

8、**禪門差別智**　藉禪宗公案之微細淆訛難知難解之處，加以宣說及剖析，以增進明心、見性之功德，啓發差別智，建立擇法眼。每月第一週日全天，由平實導師開示，僅限破參明心後，復又眼見佛性者參加（事冗暫停）。

9、**枯木禪**　先講智者大師的《小止觀》，後說《釋禪波羅蜜》，詳解四禪八定之修證理論與實修方法，細述一般學人修定之邪見與岔路，及對禪定證境之誤會，消除枉用功夫、浪費生命之現象。已悟般若者，可以藉此而實修初禪，進入大乘通教及聲聞教的三果心解脫境界，配合應有的大福德及後得無分別智、十無盡願，即可進入初地心中。親教師：平實導師。未來緣熟時將於正覺寺開講。不限制聽講資格。

註：本會例行年假，自 2004 年起，改爲每年農曆新年前七天開始停息弘法事務及共修課程，農曆正月 8 日回復所有共修及弘法事務。新春期間（每日 9.00~17.00）開放台北講堂，方便會員禮佛祈福及會外人士請書。大溪區的正覺祖師堂，開放參訪時間，詳見〈正覺電子報〉或成佛之道網站。本表得因時節因緣需要而隨時修改之，不另作通知。

佛教正覺同修會　贈閱書籍 目錄

2021/8/30

1.**無相念佛**　平實導師著　回郵 36 元
2.**念佛三昧修學次第**　平實導師述著　回郵 52 元
3.**正法眼藏—護法集**　平實導師述著　回郵 76 元
4.**真假開悟簡易辨正法&佛子之省思**　平實導師著　回郵 26 元
5.**生命實相之辨正**　平實導師著　回郵 31 元
6.**如何契入念佛法門**（附：印順法師否定極樂世界）平實導師著　回郵 26 元
7.**平實書箋**—答元覽居士書　平實導師著　回郵 52 元
8.**三乘唯識**—如來藏系經律彙編　平實導師編　回郵 80 元
（精裝本　長 27 cm　寬 21 cm　高 7.5 cm　重 2.8 公斤）
9.**三時繫念全集**—修正本　回郵掛號 52 元（長 26.5 cm×寬 19 cm）
10.**明心與初地**　平實導師述　回郵 31 元
11.**邪見與佛法**　平實導師述著　回郵 36 元
12.**甘露法雨**　平實導師述　回郵 36 元
13.**我與無我**　平實導師述　回郵 36 元
14.**學佛之心態**—修正錯誤之學佛心態始能與正法相應 孫正德老師著 回郵52元
附錄：平實導師著**《略說八、九識並存…等之過失》**
15.**大乘無我觀**—《悟前與悟後》別說　平實導師述著　回郵 36 元
16.**佛教之危機**—中國台灣地區現代佛教之真相（附錄：公案拈提六則）
平實導師著　回郵 52 元
17.**燈　影**—燈下黑（覆「求教後學」來函等）平實導師著　回郵 76 元
18.**護法與毀法**—覆上平居士與徐恒志居士網站毀法二文
張正圜老師著　回郵 76 元
19.**淨土聖道**—兼評**選擇本願念佛**　正德老師著　**由正覺同修會購贈** 回郵 52 元
20.**辨唯識性相**—對「紫蓮心海《辯唯識性相》書中否定阿賴耶識」之回應
正覺同修會 台南共修處法義組 著　回郵 52 元
21.**假如來藏**—對法蓮法師《如來藏與阿賴耶識》書中否定阿賴耶識之回應
正覺同修會 台南共修處法義組 著　回郵 76 元
22.**入不二門**—公案拈提集錦 第一輯（於平實導師公案拈提諸書中選錄約二十則，
合輯爲一冊流通之）平實導師著　回郵 52 元
23.**真假邪說**—西藏密宗索達吉喇嘛《破除邪說論》真是邪說
釋正安法師著　上、下冊回郵各 52 元
24.**真假開悟**—真如、如來藏、阿賴耶識間之關係　平實導師述著　回郵 76 元
25.**真假禪和**—辨正釋傳聖之謗法謬說　孫正德老師著　回郵 76 元
26.**眼見佛性**—駁慧廣法師**眼見佛性的含義**文中謬說
游正光老師著　回郵 52 元

27.**普門自在**—公案拈提集錦 第二輯（於平實導師公案拈提諸書中選錄約二十則，合輯爲一冊流通之）平實導師著　回郵 52 元

28.**印順法師的悲哀**—以現代禪的質疑為線索　恒毓博士著　回郵 52 元

29.**識蘊真義**—現觀識蘊內涵、取證初果、親斷三縛結之具體行門。
—依《成唯識論》及《惟識述記》正義，略顯安慧《大乘廣五蘊論》之邪謬
平實導師著　回郵 76 元

30.**正覺電子報** 各期紙版本　免附回郵　每次最多函索三期或三本。
（已無存書之較早各期，不另增印贈閱）

31.**現代人應有的宗教觀**　蔡正禮老師 著　回郵 31 元

32.**遠惑趣道**—正覺電子報般若信箱問答錄　第一輯　回郵 52 元

33.**遠惑趣道**—正覺電子報般若信箱問答錄　第二輯　回郵 52 元

34.**確保您的權益**—器官捐贈應注意自我保護　游正光老師 著　回郵 31 元

35.**正覺教團電視弘法三乘菩提 DVD 光碟（一）**
由正覺教團多位親教師共同講述錄製 DVD 8 片，MP3 一片，共 9 片。有二大講題：一爲「三乘菩提之意涵」，二爲「學佛的正知見」。內容精闢，深入淺出，精彩絕倫，幫助大眾快速建立三乘法道的正知見，免被外道邪見所誤導。有志修學三乘佛法之學人不可不看。（製作工本費 100 元，回郵 52 元）

36.**正覺教團電視弘法 DVD 專輯（二）**
總有二大講題：一爲「三乘菩提之念佛法門」，一爲「學佛正知見（第二篇）」，由正覺教團多位親教師輪番講述，內容詳細闡述如何修學念佛法門、實證念佛三昧，以及學佛應具有的正確知見，可以幫助發願往生西方極樂淨土之學人，得以把握往生，更可令學人快速建立三乘法道的正知見，免於被外道邪見所誤導。有志修學三乘佛法之學人不可不看。（一套 17 片，工本費 160 元。回郵 76 元）

37.**喇嘛性世界**—揭開假藏傳佛教譚崔瑜伽的面紗　張善思 等人合著
由正覺同修會購贈　回郵 52 元

38.**假藏傳佛教的神話**—性、謊言、喇嘛教　張正玄教授編著
由正覺同修會購贈　回郵 52 元

39.**隨　緣**—理隨緣與事隨緣　平實導師述　回郵 52 元。

40.**學佛的覺醒**　正枝居士 著　回郵 52 元

41.**導師之真實義**　蔡正禮老師 著　回郵 31 元

42.**淺談達賴喇嘛之雙身法**—兼論解讀「密續」之達文西密碼
吳明芷居士 著　回郵 31 元

43.**魔界轉世**　張正玄居士 著　回郵 31 元

44.**一貫道與開悟**　蔡正禮老師 著　回郵 31 元

45.**博愛**—愛盡天下女人　正覺教育基金會 編印　回郵 36 元

46.**意識虛妄經教彙編**—實證解脫道的關鍵經文　正覺同修會編印　回郵 36 元

47.**邪箭囈語**—破斥藏密外道多識仁波切《破魔金剛箭雨論》之邪說
陸正元老師著　上、下冊回郵各 52 元

48.**真假沙門**—依 佛聖教闡釋佛教僧寶之定義
蔡正禮老師著　俟正覺電子報連載後結集出版

49.**真假禪宗**—藉評論釋性廣《印順導師對變質禪法之批判及對禪宗之肯定》以顯示真假禪宗
附論一：凡夫知見 無助於佛法之信解行證
附論二：世間與出世間一切法皆從如來藏實際而生而顯
余正偉老師著　俟正覺電子報連載後結集出版　回郵未定

★ 上列贈書之郵資，係台灣本島地區郵資，大陸、港、澳地區及外國地區，請另計酌增（大陸、港、澳、國外地區之郵票不許通用）。尚未出版之書，請勿先寄來郵資，以免增加作業煩擾。

★ 本目錄若有變動，唯於後印之書籍及「成佛之道」網站上修正公佈之，不另行個別通知。

函索書籍請寄：佛教正覺同修會　103 台北市承德路 3 段 277 號 9 樓
台灣地區函索書籍者請附寄郵票，無時間購買郵票者可以等值現金抵用，但不接受郵政劃撥、支票、匯票。大陸地區得以人民幣計算，國外地區請以美元計算（請勿寄來當地郵票，在台灣地區不能使用）。欲以掛號寄遞者，請另附掛號郵資。

親自索閱：正覺同修會各共修處。　★請於共修時間前往取書，餘時無人在道場，請勿前往索取；共修時間與地點，詳見書末正覺同修會共修現況表（以近期之共修現況表爲準）。

註：正智出版社發售之局版書，請向各大書局購閱。若書局之書架上已經售出而無陳列者，請向書局櫃台指定洽購；若書局不便代購者，請於正覺同修會共修時間前往各共修處請購，正智出版社已派人於共修時間送書前往各共修處流通。 郵政劃撥購書及 大陸地區 購書，請詳別頁正智出版社發售書籍目錄最後頁之說明。

成佛之道 網站：http://www.a202.idv.tw　正覺同修會已出版之結緣書籍，多已登載於 成佛之道 網站，若住外國、或住處遙遠，不便取得正覺同修會贈閱書籍者，可以從本網站閱讀及下載。

＊＊假藏傳佛教修雙身法，非佛教＊＊

正智出版社 籌募弘法基金發售書籍目錄　2024/04/10

1.**宗門正眼**—公案拈提 第一輯 重拈　平實導師著　500 元
因重寫內容大幅度增加故，字體必須改小，並增爲 576 頁 主文 546 頁。比初版更精彩、更有內容。初版《禪門摩尼寶聚》之讀者，可寄回本公司免費調換新版書。免附回郵，亦無截止期限。（2007 年起，每冊附贈本公司精製公案拈提〈超意境〉CD 一片。市售價格 280 元，多購多贈。）

2.**禪淨圓融**　平實導師著　200 元（第一版舊書可換新版書。）

3.**真實如來藏**　平實導師著　400 元

4.**禪—悟前與悟後**　平實導師著　上、下冊，每冊 250 元

5.**宗門法眼**—公案拈提 第二輯　平實導師著　500 元
（2007 年起，每冊附贈本公司精製公案拈提〈超意境〉CD 一片）

6.**楞伽經詳解**　平實導師著　全套共 10 輯　每輯 250 元

7.**宗門道眼**—公案拈提 第三輯　平實導師著　500 元
（2007 年起，每冊附贈本公司精製公案拈提〈超意境〉CD 一片）

8.**宗門血脈**—公案拈提 第四輯　平實導師著　500 元
（2007 年起，每冊附贈本公司精製公案拈提〈超意境〉CD 一片）

9.**宗通與說通**—成佛之道 平實導師著 主文 381 頁 全書 400 頁售價 300 元

10.**宗門正道**—公案拈提 第五輯　平實導師著　500 元
（2007 年起，每冊附贈本公司精製公案拈提〈超意境〉CD 一片）

11.**狂密與真密 一～四輯**　平實導師著　西藏密宗是人間最邪淫的宗教，本質不是佛教，只是披著佛教外衣的印度教性力派流毒的喇嘛教。此書中將西藏密宗密傳之男女雙身合修樂空雙運所有祕密與修法，毫無保留完全公開，並將全部喇嘛們所不知道的部分也一併公開。內容比大辣出版社喧騰一時的《西藏慾經》更詳細。並且函蓋藏密的所有祕密及其錯誤的中觀見、如來藏見……等，藏密的所有法義都在書中詳述、分析、辨正。每輯主文三百餘頁　每輯全書約 400 頁　售價每輯 300 元

12.**宗門正義**—公案拈提 第六輯　平實導師著　500 元
（2007 年起，每冊附贈本公司精製公案拈提〈超意境〉CD 一片）

13.**心經密意**—心經與解脫道、佛菩提道、祖師公案之關係與密意　平實導師述　300 元

14.**宗門密意**—公案拈提 第七輯　平實導師著　500 元
（2007 年起，每冊附贈本公司精製公案拈提〈超意境〉CD 一片）

15.**淨土聖道**—兼評「選擇本願念佛」　正德老師著　200 元

16.**起信論講記**　平實導師述著　共六輯　每輯三百餘頁　售價各 250 元

17.**優婆塞戒經講記**　平實導師述著 共八輯 每輯三百餘頁 售價各 250 元

18.**真假活佛**—略論附佛外道盧勝彥之邪說（對前岳靈犀網站主張「盧勝彥是證悟者」之修正）　正犀居士（岳靈犀）著　流通價 140 元

19.**阿含正義**—唯識學探源　平實導師著　共七輯　每輯 300 元

20.**超意境 CD** 以平實導師公案拈提書中超越意境之頌詞，加上曲風優美

的旋律，錄成令人嚮往的超意境歌曲，其中包括正覺發願文及平實導師親自譜成的黃梅調歌曲一首。詞曲雋永，殊堪翫味，可供學禪者吟詠，有助於見道。內附設計精美的彩色小冊，解說每一首詞的背景本事。每片 280 元。【每購買公案拈提書籍一冊，即贈送一片。】

21.**菩薩底憂鬱** CD 將菩薩情懷及禪宗公案寫成新詞，並製作成超越意境的優美歌曲。 1.主題曲〈菩薩底憂鬱〉，描述地後菩薩能離三界生死而迴向繼續生在人間，但因尚未斷盡習氣種子而有極深沈之憂鬱，非三賢位菩薩及二乘聖者所知，此憂鬱在七地滿心位方才斷盡；本曲之詞中所說義理極深，昔來所未曾見；此曲係以優美的情歌風格寫詞及作曲，聞者得以激發嚮往諸地菩薩境界之大心，詞、曲都非常優美，難得一見；其中勝妙義理之解說，已印在附贈之彩色小冊中。 2.以各輯公案拈提中直示禪門入處之頌文，作成各種不同曲風之超意境歌曲，值得玩味、參究；聆聽公案拈提之優美歌曲時，請同時閱讀內附之印刷精美說明小冊，可以領會超越三界的證悟境界；未悟者可以因此引發求悟之意向及疑情，眞發菩提心而邁向求悟之途，乃至因此眞實悟入般若，成眞菩薩。 3.正覺總持咒新曲，總持佛法大意；總持咒之義理，已加以解說並印在隨附之小冊中。本 CD 共有十首歌曲，長達 63 分鐘。每盒各附贈二張購書優惠券。每片 320 元。

22.**禪意無限** CD 平實導師以公案拈提書中偈頌寫成不同風格曲子，與他人所寫不同風格曲子共同錄製出版，幫助參禪人進入禪門超越意識之境界。盒中附贈彩色印製的精美解說小冊，以供聆聽時閱讀，令參禪人得以發起參禪之疑情，即有機會證悟本來面目而發起實相智慧，實證大乘菩提般若，能如實證知般若經中的眞實意。本 CD 共有十首歌曲，長達 69 分鐘，每盒各附贈二張購書優惠券。每片 320 元。

23.**我的菩提路**第一輯　釋悟圓、釋善藏等人合著　售價 300 元

24.**我的菩提路**第二輯　郭正益等人合著　售價 300 元

（初版首刷至第四刷，都可以寄來免費更換爲第二版，免附郵費）

25.**我的菩提路**第三輯　王美伶等人合著　售價 300 元

26.**我的菩提路**第四輯　陳晏平等人合著　售價 300 元

27.**我的菩提路**第五輯　林慈慧等人合著　售價 300 元

28.**我的菩提路**第六輯　劉惠莉等人合著　售價 300 元

29.**我的菩提路**第七輯　余正偉等人合著　售價 300 元

30.**鈍鳥與靈龜**—考證後代凡夫對大慧宗杲禪師的無根誹謗。

平實導師著　共 458 頁　售價 350 元

31.**維摩詰經講記**　平實導師述　共六輯　每輯三百餘頁　售價各 250 元

32.**真假外道**—破劉東亮、杜大威、釋證嚴常見外道見　正光老師著　200 元

33.**勝鬘經講記**—兼論印順《勝鬘經講記》對於《勝鬘經》之誤解。

平實導師述　共六輯　每輯三百餘頁　售價250 元

34.**楞嚴經講記**—平實導師述 共 **15** 輯，每輯三百餘頁 售價 300 元
35.**明心與眼見佛性**—駁慧廣〈蕭氏「眼見佛性」與「明心」之非〉文中謬說
正光老師著 共 448 頁 售價 300 元
36.**見性與看話頭** 黃正倖老師 著，本書是禪宗參禪的方法論。
內文 375 頁，全書 416 頁，售價 300 元。
37.**達賴真面目**—玩盡天下女人 白正偉老師 等著 中英對照彩色精裝大本 800 元
38.**喇嘛性世界**—揭開假藏傳佛教譚崔瑜伽的面紗 張善思 等人著 200 元
39.**假藏傳佛教的神話**—性、謊言、喇嘛教 正玄教授編著 200 元
40.**金剛經宗通** 平實導師述 共九輯 每輯售價 250 元。
41.**末代達賴**—性交教主的悲歌 張善思、呂艾倫、辛燕編著 售價 250 元
42.**霧峰無霧**—給哥哥的信 辨正釋印順對佛法的無量誤解
游宗明 老師著 售價 250 元
43.**霧峰無霧**—第二輯—救護佛子向正道 細說釋印順對佛法的各類誤解
游宗明 老師著 售價 250 元
44.**第七意識與第八意識？**—穿越時空「超意識」
平實導師述 每冊 300 元
45.**黯淡的達賴**—失去光彩的諾貝爾和平獎
正覺教育基金會編著 每冊 250 元
46.**童女迦葉考**—論呂凱文〈佛教輪迴思想的論述分析〉之謬。
平實導師 著 定價 180 元
47.**人間佛教**—實證者必定不悖三乘菩提
平實導師 述，定價 400 元
48.**實相經宗通** 平實導師述 共八輯 每輯 250 元
49.**真心告訴您(一)**—達賴喇嘛在幹什麼？
正覺教育基金會編著 售價 250 元
50.**中觀金鑑**—詳述應成派中觀的起源與其破法本質
孫正德老師著 分爲上、中、下三冊，每冊 250 元
51.**藏傳佛教要義**—《狂密與真密》之簡體字版 平實導師 著 上、下冊
僅在大陸流通 每冊 300 元
52.**法華經講義**—平實導師述 共二十五輯 每輯三百餘頁 售價 300 元
53.**西藏「活佛轉世」制度**—附佛、造神、世俗法
許正豐、張正玄老師合著 定價 150 元
54.**廣論三部曲**—郭正益老師著 定價 150 元
55.**真心告訴您(二)**—達賴喇嘛是佛教僧侶嗎？
—補祝達賴喇嘛八十大壽
正覺教育基金會編著 售價 300 元
56.**次法**—實證佛法前應有的條件
張善思居士著 分爲上、下二冊，每冊 250 元
57.**涅槃**—解說四種涅槃之實證及內涵 平實導師著 上、下冊 各 350 元

58.**佛藏經講義**—平實導師述 共二十一輯 每輯三百餘頁 售價 300 元。
59.**成唯識論**—大唐 玄奘菩薩所著鉅論。重新正確斷句，並以不同字體及標點符號顯示質疑文，令得易讀。全書 288 頁，精裝大本 400 元。
60.**大法鼓經講義**—平實導師述 共六輯 每輯三百餘頁 售價 300 元
61.**成唯識論釋**—詳解大唐玄奘菩薩所著《成唯識論》，平實導師著述。共十輯，每輯內文四百餘頁，12 級字編排，於每講完一輯的分量以後即予出版，2023 年五月底出版第一輯，以後每七到十個月出版一輯，每輯 400 元。
62.**不退轉法輪經講義**—平實導師述 2024年1月30日開始出版 共十輯 每二個月出版一輯，每輯 300 元
63.**中論正義**—釋龍樹菩薩《中論》頌正理。孫正德老師著 共上下二冊 下冊定於 2024/6/30 出版 每冊 300 元
64.誰是 **師子身中蟲**—平實導師述著 2024 年 5 月 30 出版，每冊 110 元。
65.**解深密經講義**—平實導師述 輯數未定 將於《不退轉法輪經講義》出版後整理出版。
66.**菩薩瓔珞本業經講義**—平實導師述 約○輯 將於《解深密經講義》出版後整理出版。
67.**假鋒虛焰金剛乘**—揭示顯密正理，兼破索達吉師徒《般若鋒兮金剛焰》 釋正安法師著 簡體字版 即將出版 售價未定
68.**廣論之平議**—宗喀巴《菩提道次第廣論》之平議 正雄居士著 約二或三輯 俟正覺電子報連載後結集出版 書價未定
69 **八識規矩頌**詳解 ○○居士 註解 出版日期另訂 書價未定。
70.**中觀正義**—註解平實導師《中論正義頌》。 ○○法師（居士）著 出版日期未定 書價未定
71.**中國佛教史**—依中國佛教正法史實而論。 ○○老師 著 書價未定。
72.**印度佛教史**—法義與考證。依法義史實評論印順《印度佛教思想史、佛教史地考論》之謬說 正偉老師著 出版日期未定 書價未定
73.**阿含經講記**—將選錄四阿含中數部重要經典全經講解之，講後整理出版。 平實導師述 約二輯 每輯 300 元 出版日期未定
74.**寶積經講記** 平實導師述 每輯三百餘頁 優惠價 300 元 出版日期未定
75.**修習止觀坐禪法要講記** 平實導師述 每輯三百餘頁 將於正覺寺建成後重講、以講記逐輯出版 出版日期未定
76.**無門關**—《無門關》公案拈提 平實導師著 出版日期未定
77.**中觀再論**—兼述印順《中觀今論》謬誤之平議。 正光老師著 出版日期未定
78.**輪迴與超度**—佛教超度法會之真義。 ○○法師（居士）著 出版日期未定 書價未定
79.**《釋摩訶衍論》平議**—對偽稱龍樹所造《釋摩訶衍論》之平議 ○○法師（居士）著 出版日期未定 書價未定
80.**正覺發願文**註解—以真實大願為因 得證菩提 正德老師著 出版日期未定 書價未定

81.**正覺總持咒**—佛法之總持　正圜老師著　出版日期未定　書價未定

82.**三自性**—依四食、五蘊、十二因緣、十八界法，說三性三無性。

作者未定　出版日期未定

83.**道品**—從三自性說大小乘三十七道品　作者未定　出版日期未定

84.**大乘緣起觀**—依四聖諦七真如現觀十二緣起 作者未定　出版日期未定

85.**三德**—論解脫德、法身德、般若德。　作者未定　出版日期未定

86.**真假如來藏**—對印順《如來藏之研究》謬說之平議　作者未定 出版日期未定

87.**大乘道次第**　作者未定　出版日期未定　書價未定

88.**四緣**—依如來藏故有四緣。　作者未定　出版日期未定

89.**空之探究**—印順《空之探究》謬誤之平議　作者未定 出版日期未定

90.**十法義**—論阿含經中十法之正義　作者未定　出版日期未定

91.**外道見**—論述外道六十二見　作者未定　出版日期未定

總經銷： 聯合發行股份有限公司

231 新北市新店區寶橋路 235 巷 6 弄 6 號 4F

Tel.02－2917-8022（代表號） Fax.02－2915-6275（代表號）

零售：1.**全台連鎖經銷書局：**

三民書局、誠品書局、何嘉仁書店

敦煌書店、紀伊國屋、金石堂書局、建宏書局

諾貝爾圖書城、墊腳石圖書文化廣場

2.**台北市：**佛化人生 **大安區**羅斯福路 3 段 325 號 6 樓之 4　台電大樓對面

3.**新北市：**春大地書店 **蘆洲區**中正路 117 號

4.**桃園市：**御書堂 **龍潭區**中正路 123 號

5.**新竹市：**大學書局 **東區**建功路 10 號

6.**台中市：**瑞成書局 **東區**雙十路 1 段 4 之 33 號

佛教詠春書局 **南屯區**永春東路 884 號

文春書店 **霧峰區**中正路 1087 號

7.**彰化市：**心泉佛教文化中心 南瑤路 286 號

8.**高雄市：**政大書城 **前鎮區**中華五路 789 號 2 樓（高雄夢時代店）

明儀書局 **三民區**明福街 2 號

青年書局 **苓雅區**青年一路 141 號

9.**台東市：**東普佛教文物流通處 博愛路 282 號

10.**其餘鄉鎮市經銷書局：**請電詢總經銷**聯合**公司。

11.**大陸地區請洽：**

香港：樂文書店

銅鑼灣店 :香港銅鑼灣駱克道 506 號 2 樓

電話 : (852) 2881 1150 email: luckwinbs@gmail.com

廈門：廈門外圖臺灣書店有限公司

地址:廈門市思明區湖濱南路809 號 廈門外圖書城3 樓 郵編:361004

電話：0592-5061658（臺灣地區請撥打 86-592-5061658）

E-mail：JKB118＠188.COM

12.**美國：世界日報圖書部：**紐約圖書部　電話 7187468889#6262

洛杉磯圖書部　電話 3232616972#202

13.**國內外地區網路購書：**

正智出版社 書香園地　http://books.enlighten.org.tw/

（書籍簡介、經銷書局可直接聯結下列網路書局購書）

三民 網路書局　http://www.sanmin.com.tw

誠品 網路書局　http://www.eslitebooks.com

博客來 網路書局　http://www.books.com.tw

金石堂 網路書局　http://www.kingstone.com.tw

聯合 網路書局　http:// www.nh.com.tw

附註：1.請儘量向各經銷書局購買：郵政劃撥需要八天才能寄到（本公司在您劃撥後第四天才能接到劃撥單，次日寄出後第二天您才能收到書籍，此六天中可能會遇到週休二日，是故共需八天才能收到書籍）若想要早日收到書籍者，請劃撥完畢後，將劃撥收據貼在紙上，旁邊寫上您的姓名、住址、郵區、電話、買書詳細內容，直接傳眞到本公司 02-28344822，並來電 02-28316727、28327495 確認是否已收到您的傳眞，即可提前收到書籍。 2.因台灣每月皆有五十餘種宗教類書籍上架，書局書架空間有限，故唯有新書方有機會上架，通常每次只能有一本新書上架；本公司出版新書，大多上架不久便已售出，若書局未再叫貨補充者，書架上即無新書陳列，則請直接向書局櫃台訂購。 3.若書局不便代購時，可於晚上共修時間向正覺同修會各共修處請購（共修時間及地點，詳閱**共修現況表**。每年例行年假期間請勿前往請書，年假期間請見共修現況表）。 4.郵購：郵政劃撥帳號 19068241。 5.正覺同修會會員購書都以八折計價（戶籍台北市者爲一般會員，外縣市爲護持會員）都可獲得優待，欲一次購買全部書籍者，可以考慮入會，節省書費。入會費一千元（第一年初加入時才需要繳），年費二千元。**6.尚未出版之書籍，請勿預先郵寄書款與本公司，謝謝您！** 7.若欲一次購齊本公司書籍，或同時取得正覺同修會贈閱之全部書籍者，請於正覺同修會共修時間，親到各共修處請購及索取；**台北市讀者**請洽：103 台北市承德路三段 267 號 10 樓（捷運淡水線 圓山站旁）請書時間：週一至週五爲 18.00~21.00，第一、三、五週週六爲 10.00~21.00，雙週之週六爲 10.00~18.00 請購處專線電話：25957295-分機 14（於請書時間方有人接聽）。

敬告大陸讀者：

大陸讀者購書、索書捷徑（尚未在大陸出版的書籍，以下二個途徑都可以購得，電子書另包括結緣書籍）：

1.廈門外國圖書公司：廈門市思明區湖濱南路 809 號 廈門外圖書城 3F
郵編：361004 電話：0592-5061658 網址：http://www.xibc.com.cn/

2.電子書：正智出版社有限公司及正覺同修會在台灣印行的各種局版書、結緣書，已有『**正覺電子書**』陸續上線中，提供讀者於手機、平板電腦上購書、下載、閱讀正智出版社、正覺同修會及正覺教育基金會所出版之電子書，詳細訊息敬請參閱『正覺電子書』專頁：http://books.enlighten.org.tw/ebook

關於平實導師的書訊，請上網查閱：

成佛之道 http://www.a202.idv.tw
正智出版社 書香園地 http://books.enlighten.org.tw/

中國網採訪佛教正覺同修會、正覺教育基金會訊息：

http://foundation.enlighten.org.tw/newsflash/20150817_1

http://video.enlighten.org.tw/zh-CN/visit_category/visit10

★ 正智出版社有限公司售書之稅後盈餘，全部捐助財團法人正覺寺籌備處、佛教正覺同修會、正覺教育基金會，供作弘法及購建道場之用；懇請諸方大德支持，功德無量。

★ 聲 明 ★

本社於 2015/01/01 開始調整本目錄中部分書籍之售價，以因應各項成本的持續增加。

＊ 喇嘛教修外道雙身法、墮識陰境界，非佛教 ＊

＊ 弘揚如來藏他空見的覺囊派才是真正藏傳佛教 ＊

售後服務—換書啟事(免附回郵)　2017/12/05

《楞伽經詳解》第三輯初版免費調換新書啟事：茲因 平實導師弘法早期尚未回復往世全部證量，有些法義接受他人的說法，寫書當時並未察覺而有二處（同一種法義）跟著誤說，如今發現已將之修正。茲爲顧及讀者權益，已開始免費調換新書；敬請所有讀者將以前所購第三輯（不論第幾刷），攜回或寄回本公司免費換新；郵寄者之回郵由本公司負擔，不需寄來郵票。因此而造成讀者閱讀、以及換書的不便，在此向所有讀者致上萬分的歉意，祈請讀者大眾見諒！

《楞嚴經講記》第 14 輯初版首刷本免費調換新書啟事：本講記第 14 輯出版前因 平實導師諸事繁忙，未將之重新閱讀而只改正校對時發現的錯別字，故未能發覺十年前所說法義有部分錯誤，於第 15 輯付印前重閱時才發覺第 14 輯中有部分錯誤尚未改正。今已重新審閱修改並已重印完成，煩請所有讀者將以前所購第 14 輯初版首刷本，寄回本公司免費換新（初版二刷本無錯誤），本公司將於寄回新書時同時附上您寄書來換新時的郵資，並在此向所有讀者致上最誠懇的歉意。

《心經密意》初版書免費調換二版新書啟事：本書係演講錄音整理成書，講時因時間所限，省略部分段落未講。後於再版時補寫增加 13 頁，維持原價流通之。茲爲顧及初版讀者權益，自 2003/9/30 開始免費調換新書，原有初版一刷、二刷書籍，皆可寄來本公司換書。

《宗門法眼》已經增寫改版爲 464 頁新書，2008 年 6 月中旬出版。讀者原有初版之第一刷、第二刷書本，都可以寄回本公司免費調換改版新書。改版後之公案及錯悟事例維持不變，但將內容加以增說，較改版前更具有廣度與深度，將更能助益讀者參究實相。

換書者**免附回郵**，亦無截止期限；舊書請寄：111 台北郵政 73-151 號信箱 或 103 台北市承德路三段 267 號 10 樓 正智出版社有限公司。舊書若有塗鴨、殘缺、破損者，仍可換取新書；但缺頁之舊書至少應仍有五分之三頁數，方可換書。所有讀者不必顧念本公司是否有盈餘之問題，都請踴躍寄來換書；本公司成立之目的不是營利，只要能眞實利益學人，即已達到成立及運作之目的。若以郵寄方式換書者，免附回郵；並於寄回新書時，由本公司附上您寄來書籍時耗用的郵資。造成您不便之處，再次致上萬分的歉意。

正智出版社有限公司 啓

免費換書公告

2023/7/15

《法華經講義》第十三輯初版免費調換新書啓事：本書因謄稿、印製等相關人員作業疏失，導致該書中的經文及內文用字將「**親近**」誤植成「清淨」。茲爲顧及讀者權益，自 2017/8/30 開始免費調換新書；敬請所有讀者將以前所購第十三輯初版首刷及二刷本，攜回或寄回本公司免費換新。錯誤更正說明如下：

一、第 256 頁第 10 行~第 14 行：【就是先要具備「**法親近處**」、「**眾生親近處**」；法**親近**處就是在實相之法有所實證，如果在實相法上有所實證，他在二乘菩提中自然也能有所實證，以這個作爲第一個**親近**處——第一個基礎。然後還要有第二個基礎，就是瞭解應該如何善待眾生；對於眾生不要有排斥或者是貪取之心，平等觀待而攝受、親近一切有情。以這兩個**親近**處作爲基礎，來實行其他三個安樂行法。】。

二、第 268 頁第 13 行：【具足了那兩個「**親近處**」，使你能夠在末法時代，如實而圓滿的演述《法華經》時，那麼你作這個夢，它就是如理作意的，完全符合邏輯去完成這個過程，就表示你那個晚上，在那短短的一場夢中，已經度了不少眾生了。

《大法鼓經講義》第一輯初版免費調換二版新書啓事：本書因校對相關人員作業疏失錯失別字，導致該書中的內文 255 頁倒數 5 行有二字錯植而無發現，乃「『**智慧**』的滅除不容易」應更正爲「『**煩惱**』的滅除不容易」。茲爲顧及讀者權益，自 2023/4/1 開始免費調換新書，或請自行更正其中的錯誤之處；敬請所有讀者將以前所購第一輯初版首刷及二刷本，攜回或寄回本公司免費換新。

《涅槃》下冊初版一刷至六刷**免費調換新書啓事**：本書因法義上有少處疏失而重新印製，乃第 20 頁倒數 6 行的「法智忍、法智」更正爲「**法智、類智**」，同頁倒數 4 行的「類智忍、類智」更正爲「**法智忍、類智忍**」；並將書中引文重新標點後重印。敬請讀者攜回或寄回本公司免費換新。

換書者**免附回郵**，郵寄者之回郵由本公司負擔，不需寄來郵票，亦無截止期限；同時對因此而造成讀者閱讀、以及換書的困擾及不便，在此向所有讀者致上最誠懇的歉意，祈請讀者大眾見諒！

正智出版社有限公司 敬啓

國家圖書館出版品預行編目(CIP)資料

誰是師子身中蟲會員大會開示集 / 平實導師著.
--初版. -- 臺北市 : 正智出版社有限公司,
2024.05
面 ; 公分

ISBN 978-626-98256-6-0(平裝)

1.CST: 佛教說法 2.CST: 佛教修持

222.4 113005737

誰是師子身中蟲——會員大會開示集

述著者：平實導師
校　對：正覺同修會編譯部
出版者：**正智出版社**有限公司
　電話：○二 28327495　28316727（白天）
　傳眞：○二 28344822
　111 台北郵政 73-151 號信箱
　郵政劃撥帳號：一九○六八二四一
　正覺講堂：總機○二 25957295（夜間）
總經銷：聯合發行股份有限公司
　231 新北市新店區寶橋路 235 巷 6 弄 6 號 4 樓
　電話：○二 29178022（代表號）
　傳眞：○二 29156275
初版首刷：二○二四年五月三十日　二千冊
定　價：一一○元